畅销书《团队协作的五大障碍》作者的又一力作

THE ADVANTAGE

Why Organizational Health Trumps Everything Else in Business

（白金版）

THE ADVANTAGE

优 势

组织健康胜于一切

［美］ 帕特里克·兰西奥尼（Patrick Lencioni） 著

高采平 译 柳波 审校

电子工业出版社
Publishing House of Electronics Industry
北京·BEIJING

Patrick Lencioni: The Advantage: Why Organizational Health Trumps Everything Else in Business

ISBN: 9780470941522

本书中文简体字版专有翻译出版权由美国John Wiley & Sons, Inc.公司授予电子工业出版社。未经许可，不得以任何手段和形式复制或抄袭本书内容。

版权贸易合同登记号　图字：01-2013-1257

图书在版编目（CIP）数据

优势：组织健康胜于一切：白金版 /（美）帕特里克·兰西奥尼（Patrick Lencioni）著；高采平译.—北京：电子工业出版社，2023.1
书名原文：The Advantage: Why Organizational Health Trumps Everything Else in Business
ISBN 978-7-121-43470-9

Ⅰ．①优…　Ⅱ．①帕…②高…　Ⅲ．①企业管理－组织管理学　Ⅳ．① F272.9

中国版本图书馆 CIP 数据核字（2022）第 208338 号

责任编辑：刘淑敏
印　　刷：河北鑫兆源印刷有限公司
装　　订：河北鑫兆源印刷有限公司
出版发行：电子工业出版社
　　　　　北京市海淀区万寿路173信箱　　邮编：100036
开　　本：880×1230　1/32　印张：8.75　字数：147千字
版　　次：2023年1月第1版
印　　次：2023年1月第1次印刷
定　　价：78.00元

凡所购买电子工业出版社图书有缺损问题，请向购买书店调换。若书店售缺，请与本社发行部联系，联系及邮购电话：（010）88254888，88258888。
质量投诉请发邮件至zlts@phei.com.cn，盗版侵权举报请发邮件至dbqq@phei.com.cn。
本书咨询联系方式：（010）88254199，sjb@phei.com.cn。

赞　誉

"帕特里克·兰西奥尼的组织健康原则和实践使我们的组织对智力资本和人才的利用达到了前所未有的程度。组织转型就在我们眼前发生。"

——史蒂夫·伯尔（Steve Burr），

高级副总裁，Carolinas HealthCare System

"当我第一次告诉团队我们要改善组织健康时，每个人都不屑一顾，他们认为这只是领导的一时冲动。不过，他们很快意识到事实并非如此。由于采用了帕特里克·兰西奥尼的程序，我们现在完全明确了我们是谁，我们在做什么，为什么做这些事情，谁能够在我们的公司里取得成功。我们的文化和效益都发生了变化。"

——克林顿·安德森（Clinton Anderson），

首席执行官，Downunder Horsemanship

"在为组织健康付出两年的努力之后，我们迎来了有史以来最好的年头，尽管我们此时面临最严峻的市场挑战。如果没有采用这一方法，我们很难想象能够取得这样的成功。"

——彼得·莱万吉（Peter Levangie），

总裁，Bay State Milling

"我们为组织健康所做的努力使我们认识到我们的危机状态，并且发现它不是由市场环境造成的，而是因为我们作为一个团队是分裂的，作为一个企业我们在失败的轨道上运行。将组织健康作为第一要务可以说是根本的转变。"

——马特·达尼罗乌兹（Matt Danilowicz），

总裁、总经理，Clear-Com

"我们为组织健康所做的努力挽救了我们。这就是我们能有今天的原因。"

——杰夫·撒克瑞森（Jeff Sackrison），

总裁，Chowan Hospital

"我们对组织健康的持续关注不断地为我们提供真正的竞争优势。如果早一点发现帕特里克·兰西奥尼，复杂的领导和管理理论就会少很多，高效的领导者会多很多。"

——戈登·萨姆森（Gordon Samson），

总经理，Williams Lea

"我们认识到，为了在工作中取得成功，为了真正地挽救生命，我们必须健康。通过研究组织健康材料，我们明确了我们是谁，我们在做什么，我们期待员工有什么样的行为。这一努力使我们最大限度地减少了办公室政治，并对我们完成使命的能力产生了深刻影响。"

——伊莱恩·博格（Elaine Berg），

前总裁、首席执行官，New York Organ Donor Network

"在过去三年的经济动荡中我们公司的增长超过了50%。这一切始于帕特里克·兰西奥尼的改变游戏规则的作品，以及我们对组织健康的关注。在曾经的学术和职业生涯中我一直关注的是'聪明'，却很少注意'健康'。我们曾经失衡，但现在我们已经实现了平衡，结果不言自明。"

——理查德·M. 希尔德（Richard M. Heard），

总裁，Insight Investments

"我们将帕特里克·兰西奥尼的方法作为我们的长期战略方针的核心。结果可以说是难以置信的。员工满意度、沟通、协作和真正的团队合作都大大改善了，从而使我们被《Inc.》杂志选为连续六年增长最快的公司。"

——史密斯·叶维尔（Smith Yewell），

首席执行官，Welocalize

"组织健康原则已经深深地影响了我们的公司，随着我们的成长和发展，它还将继续作为我们的推动力。组织清晰促使我们实现协调性，并意识到我们需要在很多方面做出根本的转变。凭借着决心和坚持不懈，我们超越了目标。"

——史蒂文·C.库珀（Steven C. Cooper），

总裁、首席执行官，TrueBlue

"我们为组织健康所做的努力实际上给了孩子上大学的机会。我们最终拥有了克服不可避免的挑战所需要的团队、文化和系统，从而实现了目标。"

——汤姆·特可尔森（Tom Torkelson），

创始人、首席执行官，IDEA Public Schools

"通过采用组织健康模型，我们创建了非凡、高效的工作环境。设计和建筑行业已经注意到了我们，很多外来者询问我们的方法有什么特别之处。"

——杰·利奥波德（Jay Leopold），

区域经理，DPR Construction

"通过采用组织健康模型，我们在过去18个月里取得的成绩超过了之前的4年。很多员工觉得我们不可能有真正的改变，但我们证明了我们能够做到，大家正在享受作为一个高绩效团队成员的好处。"

——林恩·萨瑟（Lynn Sasser），

行政领导，Baptist State Convention of North Carolina

"作为这个领域的一名领导者，我们承受着越来越强烈的痛苦，而且这种痛苦似乎无休无止。自从将组织健康作为一切行动的核心，我们的业务又回到了正轨，重新获得了能量和动力。我们的员工、客户、家庭都收获了将组织健康作为第一要务所带来的丰厚回报。"

——肯·奥尔曼（Ken Allman），

创始人、首席执行官，PracticeLink.com

"我们的组织历来都处在战争之中。我们有一个强大的经营模式，不过我们需要一些更基础的东西。我们需要做出改变，建立更有凝聚力的领导团队，从而为整个组织提供明确指导；我们需要建立一个更健康的组织。这是一段旅程，不过我们的员工正在共同努力，而不是彼此对抗。"

——罗伯特·R. 奥莱（Robert R. Auray），

副总裁，Reverse Logistics and Remarketing, GENCO ATC

"通过采用帕特里克·兰西奥尼的原则，我们的业绩有了显著的提高。我们变得更加灵活、更加高效、更有凝聚力，我们学会了关注重要的挑战，而不是耽误时间的日常琐事。这种新的工作方法具有激励作用，而且更加有趣。"

——比尔·科兰（Bill Colleran），

首席执行官，Impinj

"组织健康的理念使我们的管理团队驱动了整个公司的健康行为，这支持了我们在过去18个月的增长。"

——科林·古比（Colin Guppy），

总经理，HMD Pumps

"我们一直以为我们是一个'聪明'的组织，很少考虑我们的'健康'。我们最近改变了方法，得到了员工和顾客的强烈响应。"

——汤姆·斯隆（Tom Sloan），

销售副总裁，Export Development Canada

"作为一群受过良好教育和积极进取的个体，帕特里克·兰西奥尼只用了5分钟就吸引了我们的注意，并引领我们踏上了一段重要的旅程。我们现在已成为一个更健康的组织，准备解决公司面临的重要问题。这一新的工作方法已经成为战略优势。"

——阿尔弗雷德·福格里奥（Alfred Foglio），

总经理，GI Partners

"帕特里克·兰西奥尼的组织健康原则对我们公司的成功发挥了真正的作用。它是我们的新领导原则的基础。"

——格雷格·塞拉奥（Greg Serrao），

首席执行官，American Dental Partners

"我们的管理团队曾经陷入停滞，发现自己没有做好应对快速变化的准备。通过采用帕特里克·兰西奥尼的组织健康模型，管理团队有了更大的凝聚力和更多的协作，进而影响了整个组织。实际上，一个外部评价机构宣布我们的组织经历了文化变革，从而为未来的成功做好了准备。"

——瑞奇·D. 纳珀（Ricky D. Napper），

首席执行官，Magnolia Regional Health Center

"帕特里克·兰西奥尼的团队合作和组织健康理念使我们的整个组织都把注意力放在了使命上，从而取得了卓越的成就。所有的组织都能够从这些理念中受益。"

——大卫·C. 哈利（David C. Haley），

总裁，HBK Capital Management

"组织健康是我们的文化基石，并为我们公司的日常工作环境提供了蓝图。为了保持健康，我们做出了关键的业务决策，包括关闭店铺。在过去的几年里，我们增加了现金流，强化了团队合作，这使我们的哈雷戴维森品牌从众多品牌中脱颖而出。"

——斯科特·费雪（Scott Fischer），

所有者、首席执行官，Scott Fischer Enterprises

帕特里克·兰西奥尼的其他著作

《CEO 的五大诱惑》（*The Five Temptations of a CEO*）

《CEO 的四大迷思》（*The Four Obsessions of an Extraordinary Executive*）

《团队协作的五大障碍》（*The Five Dysfunctions of a Team*）

《克服团队协作的五种障碍》（*Overcoming the Five Dysfunctions of a Team*）

《别被会议累死》（*Death by Meeting*）

《打破部门壁垒》（*Silos, Politics and Turf Wars*）

《员工敬业的真相》（*The Truth about Employee Engagement*）

《六大工作天赋》（*The 6 Types of Working Genius*）

《困扰忙乱家庭的三个重要问题》（*The Three Big Questions for a Frantic Family*）

《示人以真》（*Getting Naked*）

《理想的团队成员》（*The Ideal Team Player*）

《动机：领导者的定位与职责》（*The Motive: Why So Many Leaders Abdicate Their Most Important Responsibilities*）

谨以此书献给我的父亲——理查德·兰西奥尼（Richard Lencioni，1936—2008年），他教会了我很多东西。

审校者序

作为职场人，你经历过以下这些吗？办公室政治、内部斗争、组织内信息混乱、部门之间各自为政、本该提出但转念又没说出意见或建议、眼睁睁看着组织或项目偏离方向……没有人会否认以上这些现象给组织带来了巨大伤害，但人们总是苦于找不到方法去解决，甚至觉得这些问题说不出口，摆不上台面。所有的这些现象都根源于一个问题：组织是否健康？而组织健康一定是现在及未来组织最重要的竞争优势！

在我多年的管理和培训经历中，这是我第一次看到这样的话题能够被放在如此公开、正式和重要的层次上去分享，并且辅以非常实用的工具和练习。没有任何深奥的理论，满满的全是拿来就能用、用了就能奏效的干货。

我第一次读本书是英文版。老板从美国开会回来，给每个直接下属买了一本，叮嘱大家好好读，而这本书的名字《优势：组织健康胜于一切》，就是总公司当年全球领导层战略研讨会的主题。之后，组织健康的概念成为总公司的战略框架，我们在公司内开展了非常多的以此为主题的工作坊，用书中介绍的方法开会；公司一丝不苟地按照这个框架制定各个层级的战略白皮书、战略锚、主题目标、标准运营目标等，并通过各种方式认真传达到组织的每个层级。与书中开篇所描述的一模一样，我们在不同场合和会议上，听到领导们谈论组织健康的重要性和他们的组织为此所做出的努力、开展的各种活动，人们的变化乃至组织的变化。我们见证了组织健康给这样一个拥有数万名员工的全球行业翘楚企业带来的积极而深远的影响。

由于拥有在企业里的实践经验，我有幸受到电子工业出版社邀请对本书的中文版进行审校。首先对原译者表示敬意，我所做的更多的是以企业人的身份把其中的一些语言换成企业常用的语言。这次以审校者的身份再次研读这本书，有了更多的理解和感慨。回顾兰西奥尼先生的数本著作，拨开层层理论和方法，我看到的关键点是真诚和善意。如果能够本着良好意愿，愿意敞开心扉真诚相对，不计较个人得失，团队合作就不是难事，组织健康就不是奢望，上面所列的种种问题都能够得到最大程度的避免。而真诚和善意需要合适的流程和方法去保护，这就包括我们所说的组织清晰度、人事制度和流程及会议方法等。真诚和善意，不仅仅对组织，对每个家庭乃至整个社会，都是成功的重要基础。

希望这本书能够被更多的人读到。真心地祝愿兰西奥尼先生的相关著作能够使更多的组织受益！

本书于2023年再次修订，改正了一些原本的翻译不妥之处，此次修订得到了组织健康优势"克服团队协作五大障碍"国际认证导师彭淑军、《六大工作天赋》译者贾津杰的大力支持，在此一并表示感谢。

柳波

组织健康优势

"克服团队协作五大障碍"国际认证导师

前　言

本书源自一段不可预知的旅程。这段旅程始于我的童年时代，我当时只有八九岁。

我的父亲是一位销售员，他工作非常出色，不过我记得下班回来的他总是免不了失望和沮丧，总是抱怨公司的管理问题。我不知道什么是管理，不过我能够确信的是：父亲在工作了10小时之后不应该感到沮丧。

几年后我也开始工作了，高中时做餐馆服务员，大学时做银行柜员，我开始对管理有了最初步的认识。尽管我仍然不清楚管理所蕴含的一切，但已明白了我工作的组织中发生的一些事情是有意义的，而其他一些是没意义的，这一切对我的同事及所服务的客户产生了真正的影响。

大学毕业后，我去了一家管理咨询公司工作，我以为自己终于有机会弄清管理到底是什么了，然而我发现自己在做数据收集、数据输入、数据分析，以及其他与数据相关的各种事情。

平心而论，这家公司教会了我很多东西，如战略、金融和营销，却没有教给我多少关于组织及组织整体运作方式的知识。不过，我逐渐意识到我们的客户面临的最大问题，以及能够给他们带来竞争优势的最大机会，不是关于战略、金融和营销的，而是一些无形的东西——好像与他们的管理方式相关的东西。

当我建议研究一下这个问题时，我的上级客气地告诉我这不是我们公司的谋生之道。具有讽刺意味的是，我们就是一家管理咨询公司。我对这个问题非常着迷，进而决定改变自己事业的焦点。

在接下来的几年时间里，我在美国的一家研究组织行为或者说组织发展或心理（你怎么称呼它都可以）的公司工作。当然，这份工作很有趣，不过我还是感觉它缺乏事实依据，没有条理性，而且脱离实际。这让我很不安，因为我知道我需要能够被更多的人认同和理解的东西。这份工作似乎缺少了某些东西——背景、整合、实用性。

于是，我和几个同事创建了自己的公司，开始为企业提供咨询，向他们提供改进组织的实用方法。不得不承认，客户对我们方法的快速、热情的回应着实让我们吃了一惊。这样的需求的确存在。我们越来越明显地发现在各种组织中工作、处于不同层次的很多人都在经历着我父亲曾经有过的痛苦，他们渴望一种更好的方式。

于是我开始写书，从实用的角度探讨与组织功能障碍相关的各种问题（团队合作、会议、一致性、员工参与），我们的咨询关注的是所有这些话题的整合。

人们对这些书，以及对运用书中理念的方法的需求，再次远远超出我们的预期，我开始确信我们发现了被忽略的东西、我在整个职业生涯中一直都在寻找的东西——优势。基于读者和客户的反馈及鼓励，我决定在某个时间把书中的所有理念和咨询实践整合起来。这个时间就是现在。

和我的其他书不一样，这本书不是寓言，而是一本全面、实用的指导手册。为了尽可能地增加它的趣味性和吸引力，书中使用了现实生活中的案例和真实的客户故事。值得一提的是，我在这本书中提到的很多单独的理念在其他8本商业寓言中都有所提及，尤其是《CEO的四大迷思》《团队协作的五大障碍》《打破部门壁垒》《别被会议累死》，在这些书中我使用了虚构的人物和故事情节，从而使理论更生动有趣。为了满足那些更喜欢通过叙事方式了解特定话题的读者的需求，本书一些地方提到了这些书。

因为我不是一个定量研究者，这里得出的结论不是基于大量统计和精确处理的数据，而是基于我作为一名咨询师在过去20多年里的工作经验。不过，研究大师吉姆·柯林斯（Jim Collins）曾经告诉我，只要客户和读者能够证明它的正确性，定性研究和定量研究一样可靠。基于这些年来与管理者和他们的组织打交道的经历，我可以肯定地告诉大家，本书中的理论是可靠的，而且非常简单。

希望本书能够带给读者一段美好的阅读体验，更重要的是，能够使你的组织有所改变，不管它是一家大公司、公司中的一个部门、一家刚成立的小公司、一所学校，还是一座教堂。希望将来有一天，这里包含的简单原则能够成为惯例，希望销售员、餐馆服务员、银行柜员、首席执行官和在组织中工作的每个人都能更加高效、成功和快乐。

目　录

组织健康

原则1　建立一个富有凝聚力的领导团队

行为1：建立信任　　// 035

行为2：掌控冲突　　// 050

行为3：做出承诺　　// 062

行为4：担当责任　　// 069

行为5：关注结果　　// 083

原则2　打造组织清晰度

问题1：我们为什么存在？　　// 106

问题2：我们该如何行事？　　// 118

问题3：我们该做什么？　　// 135

问题4：我们如何实现成功？　// 138

问题5：目前最重要的是什么？　// 153

问题6：谁必须做什么？　// 169

原则3　反复充分沟通组织清晰度

原则4　强化组织清晰度

成功会议的中心地位　// 218

抓住优势　// 237

组织健康现状检查清单　// 243

组织健康 ▶

任何公司都能获得的最大优势是组织健康，但大部分领导者往往会忽视组织健康，尽管它非常简单，而且是免费的，任何想要它的人都能够得到它。

这是本书写作的前提（也是我的事业），而且我完全相信这是正确的。尽管这听起来似乎很荒谬。我一直在想，那些聪明人为什么会忽视如此强大而又唾手可得的东西呢？

我最终在2010年7月28日找到了这个问题的答案。

屈尊于伟大

我在参加一个客户的领导层会议时坐在首席执行官的旁边。这不是一家普通的企业。它曾经是，而且现在仍然是我所知道的最健康的组织之一，也是过去50年来美国最成功的企业之一。在一个被经济危机、客户不满和劳资纠纷所困扰的行业里，这家了不起的企业长期以来都保持增长并取得了经济上的成功，更不用说近乎狂热的客户忠诚度了。而且这家企业的员工都热爱他们的工作、他们的客户，还有他们的领导者。与同行业的其他企业相比，这家企业取得的成绩似乎是不可思议的。

我坐在那里听一个接一个的领导者做陈述，每个人都在强调那些非凡的、异于传统的关于组织健康的活动。我侧过身，轻声问首席执行官："你们的竞争对手为什么不做这些事情？"

几秒钟后，他带着悲伤的语气低声说："我相信他们不屑于此。"

我找到了答案。

三个偏见

尽管组织健康（稍后会给它下定义）有着不可否认的力量，很多领导者却很难接受它，因为他们觉得自己太忙，更善于分析工作，没必要为此而分心。换句话说，他们觉得这有失他们的身份。

从某种程度上讲，这也不能怪他们。在参加了无数次内容多为爬绳索、信任背摔等团队拓展活动后，即便最开明的领导者也开始怀疑看起来或听起来过于煽情的东西。再加上企业文化已经沦为表面现象，如时髦的办公设备、员工瑜伽课程，以及可带狗上班的规章，难怪很多领导者对与组织发展相关的大部分东西都变得怀疑，甚至不屑。

这是多么遗憾的事情，因为组织健康一点也不煽情，它要比单纯的文化范围更广、更重要。它不是肉和土豆（主菜）的配菜或调味剂，而是用来盛主菜的盘子。

组织健康为战略、金融、营销、技术和组织中所发生的一切提供了环境，所以它是决定组织成败的最重要的因素。它比人才重要，比知识重要，比创新重要。

不过要想充分利用组织健康的力量，领导者首先必须能够克服妨碍他们接受组织健康理念的三个偏见。

◎ **复杂偏见**：组织健康如此简单、易得，很多领导者很难把它看作获得有意义的优势的真正机会。毕竟，它并不需要超凡的智力，只需要超出一般水平的纪律、勇气和坚持。在这个时代，我们认为差别和明显的改善只能在复杂中找到，受过良好教育的高管很难接受如此简单、直接的东西。

◎ **肾上腺素偏见**：成为一个健康的组织需要一点时间。遗憾的是，很多与我打过交道的领导者长期受肾上腺素成瘾困扰，他们似乎热衷于每天忙碌的工作和组织内部的灭火。好像他们很害怕慢下来，害怕处理非常重要、表面看起来却不是特别紧急的事情。这看起来很简单，不过仍然是很多功能失调的组织所面临的一大障碍，它们的领导者不懂得赛车手的格言：要想开快，必须先放慢速度。

◎ **量化偏见：**成为健康组织的好处尽管很多，却很难准确地量化。组织健康渗透到公司的方方面面，单独并准确衡量任何一个变量对效益的影响几乎不可能做到。当然，这并不是说影响不是真实、有形和巨大的；我们只是需要一定水平的信念和直觉，而这正是很多过于注重分析的领导者很难接受的。

当然，即便领导者能够克服这些偏见，还有另一个原因可能妨碍他们利用组织健康的力量，这也是促使我写本书的原因：组织健康从来没有作为一种简单、综合和实用的原则呈现。

一旦组织健康被正确理解，并被放到合适的环境中，它将超越工作中其他所有的原则，成为获得竞争优势的最大机会。

我确信，一旦组织健康被正确理解，并被放到合适的环境中，它将超越工作中其他所有的原则，成为获得竞争优势的最大机会。

那么组织健康到底是什么？

你或许从来没有问过这个问题。

了解组织健康

从根本上看，组织健康是关于完整性的，不过不是我们平时所定义的伦理或道德层面的完整性。当一个组织保持完整、协调和一致时，也就是说，当它的管理、运营、战略和文化实现有效的整合时，它就具备了完整性，也就是健康的。

如果这一解释对你来讲有点模糊（对我来讲是这样的），可以这样去想。每当向潜在客户或一屋子的高管介绍组织健康时，我首先都会拿它与他们更熟悉的东西做对比。我的解释是，任何想最大化其成功的组织必须具备两个基本素质：一是聪明；二是健康。

聪明与健康

聪明的组织擅长那些经典的基础运营（如战略、营销、财务和技术），这些是我眼中的决策科学。

当我在美国贝恩咨询公司（Bain & Company）开始自己的职业生涯时，我们通过研究和分析帮助客户在这些方面做出更明智、更好的决策。在这个行业中但凡有一点经验的人，都不会否认这些追求对一个组织成功的重要性，而且他们也不应该否认。

不过，聪明只是等式的一半。但不知何故，聪明几乎占据了大部分领导者的所有时间、精力和注意力。等式的另一半，也往往是被忽视的另一半，是健康。

判断健康的好方法是在一个组织中寻找能够显示其健康的迹象，其中包括最少的办公室政治和混乱、高涨的士气和高效率、优秀员工的低流失率。

组织成功的两个基本要素

聪明	健康
◎ 战略	◎ 最少的办公室政治和混乱
◎ 营销	◎ 高涨的士气和高效率
◎ 财务	◎ 优秀员工的低流失率
◎ 技术	

每当我给领导者列出这两个要素时，通常会得到下面的一种反应，有时候是两种：他们往往会紧张，甚至有点愧疚地笑；或者只是叹气，就像父母听到别人家的孩子非常听话时的反应。无论哪种反应，他们都好像在想："这不是很好吗？""你能想象吗？"

尤其令人吃惊的是，听我说这番话的所有领导者，甚至是疑心最重的领导者，也不会否认如果具备一个健康公司的特质，他们的公司将发生改变。他们从来不会把这看作软弱或过于煽情的东西，而是很快认识到缺乏健康与整体业绩之间的联系。所以我们就会想当然地认为，这些领导者回到他们的公司后，会把他们的很大一部分时间、精力和注意力都投入组织健康中去。

不过，我发现即便最具有良好意愿的领导者回到工作岗位后也往往会移向等式中"聪明"的那一边，在营销、战略和财务等方面做调整。他们为什么会做出如此荒谬的事情？

光线更好

对这一奇怪现象的最好的解释源自我小时候看过的一个喜剧小品，那是《我爱露西》（*I Love Lucy*）中的一个情节。

瑞奇，露西的丈夫，一天他下班回来看到妻子正在客厅的地板上爬来爬去。他问她在做什么。

"我在找我的耳环。"露西回答。瑞奇问她："是在客厅里丢的吗？"

她摇了摇头。"不，是在卧室里丢的，但这里光线更好。"

这就是答案。

大多数领导者喜欢在"光线更好"的地方寻找答案，因为他们在那里感觉更舒适。可衡量、客观和数据驱动的组织智能（等式中"聪明"的一边）世界中的光线当然要比更难处理、更不可预知的组织健康世界中的光线要好。

研究电子表格、甘特图和财务报表是相对安全、可预测的，也是大多数高管喜欢做的事情。这就是他们一直以来接受的训练，也是让他们感觉舒适的地方。他们总是不惜一切代价避免个人的对话，因为这样的对话很容易让人变得情绪化和感到尴尬。组织健康当然预示着个人和尴尬对话的风险。

这就是如此多的领导者，即便承认办公室政治和混乱让他们的组织苦不堪言时，仍然花时间在更传统的方面进行调整的原因。遗憾的是，他们在这些方面发现的获得改善和竞争优势的机会是渐进式的或转瞬即逝的。

的确，运营中的传统方面（财务、营销和战略）存在的优势尽管得到了全部的关注，却是渐进式或转瞬即逝的。在这个信息无处不在、纳秒级技术交换的世界中，基于信息或知识来保持竞争优势要比以往任何时候都难。现在的信息换手太快了。公司甚至是整个行业的运转速度，要比我们想象的快得多。

许可证

所以说，"聪明"（尽管很重要）已经成为一种基础本领。它只是一个许可证，是实现成功的一个最低标准。当然，它不足以带来有意义、可持续的长期竞争优势。

事实上，在我见到的组织中几乎从来没有缺乏信息、专业技能或行业知识等问题。20多年来，我几乎为所有行业的客户提供过咨询服务，在我接触过的领导者中，对业务了解不足的人少之又少。现在的大部分组织拥有的信息、技能和知识是绰绰有余的，他们缺少的是组织健康。

成功的企业与平庸或不成功的企业对未来发展的影响之间的差异，与它们所拥有的知识或聪明程度关系不大，而与企业的健康程度直接相关。

这点值得重申。

与首席执行官及高管团队打过20多年的交道之后，我已经非常肯定：成功的企业与平庸或不成功的企业对未来发展的影响之间的差异，与它们所拥有的知识或聪明程度关系不大，而与企业的健康程度直接相关。

如果你想驳斥这一观点，可以这样想。尽管前面刚刚说过在我见过的领导者当中缺乏知识、技能或信息的少之又少，而我却见过很多让人头疼的领导者。他们所在的团队和组织中的文化太不健康，无法为企业的成功发展提供足够的支持。我一次又一次地看到"聪明"的企业遭遇失败，尽管它们拥有丰富的知识和战略资产。

这并不是说聪明不重要，聪明当然是重要的。但如果有人非要问我在组织的聪明和健康这两个特质中，哪个应该被放在第一位的话，我会毫不犹豫地说健康显然是第一位的。

健康胜过聪明

一个健康的组织一定会变得越来越聪明。这是因为在健康组织中工作的人，从领导者开始，会相互学习，识别关键问题，并能够从错误中快速恢复。没有办公室政治和混乱的妨碍，他们能够比功能失调和搞办公室政治的竞争对手更快地从问题中恢复过来，并齐心协力地解决问题。此外，他们也为员工创造了同样的环境。

相比之下，聪明的组织似乎不能凭借它们的智力变得更加健康。事实可能刚好相反，因为以专业知识和智力为荣的领导者往往不愿意承认自己的缺点，也不愿意向同行学习。他们很难做到开诚布公，这导致他们无法从错误中快速恢复，同时也加剧了办公室政治和混乱。这当然不是说聪明不可取，只是说聪明没有为健康提供得天独厚的优势。

家庭中也存在同样的现象。健康的家庭（在这样的家庭中，父母给孩子的是原则、爱和时间）总是在不断成长，即便他们缺乏能够用钱买来的很多优势和资源。而不健康的家庭，没有原则和无条件的爱，总是遇到各种各样的困难，即便他们有钱、老师、教练和他们想要的技术。

取得进步和成功的关键要素不是知识或资源，尽管这些很有用。实际上，真正重要的是环境的健康。考虑这样两种情况：有两个孩子，你要为其中一个孩子的未来下赌注，一个是在健全的家庭，由有爱心的父母养大，而另一个孩子在冷漠和不健全的家庭中长大。你肯定会选择前者，无论他们周围的资源是什么样的。同样的道理也适用于组织。

乘数效应

还有一个证据能够证明健康比聪明更重要。作为顾问，在我的职业生涯中，我与很多伟大并健康的公司打过交道，它们的领导者是从不太出名的大学毕业的——这些人承认自己的智力水平只比平均水平高一点点。当这些公司做出比竞争对手更明智的决策时,记者和行业分析师总是错误地把它们的成功归结为它们的智力。而实际情况是,这些公司并不比竞争对手聪明,它们只是利用了自己拥有的智力,并且没有让功能障碍、自负和办公室政治成为它们的绊脚石。

另一方面,我也看到很多公司的领导者是顶级大学的高才生,他们拥有高智商、丰富的经验和行业知识,不过他们却最终失败了,因为他们不会有效地利用这一切。在这些失败的案例中,几乎都是办公室政治、行为失调和不一致害了他们,导致他们犯下事后看来非常明显的战略和战术错误。记者和行业分析师似乎总是想不通这些高管"怎么会这么愚蠢"。他们又错误地把这些糟糕的决策归结为智力不足。他们没有看到真正的不足,导致聪明人做出愚蠢决策的是缺乏组织健康。

大部分组织只对它们所拥有的知识、经验和智力资本进行了碎片化的利用,而健康的组织几乎利用了所有这些资源。

所以，看待组织健康的一种很好的方式（领导者似乎乐于接受的方式）是把它看作智力的乘数。组织越健康，它能够开发和利用的智力就越多。大部分组织只对它们所拥有的知识、经验和智力资本进行了碎片化的利用，而健康的组织几乎利用了所有这些资源。这是它们比不健康的竞争对手更有优势的一个重要原因。促进组织健康能激发组织更聪明。

我已经谈到了妨碍如此多的领导者接受组织健康的三个偏见。下面还有一个需要回答的问题：为什么没有更多的商业学者和记者接受它？

媒体和学术界

首先，组织健康不是很有吸引力，所以记者并不热衷于报道它。没有一家杂志或报纸愿意报道一个谦逊的领导者是如何用原则、常识和一致性兢兢业业地管理他的中型公司的。他们更愿意报道一个锐意进取的年轻企业家打算用一种颠覆性的新技术或一项革命性的新服务改变世界。考虑到他们要追求杂志的销量和吸引更多的广告商，这也是可以理解的。当然，这并不意味着他们报道的引人注目的故事更实用或更具有指导意义。

组织健康一直被学术界和媒体忽视的另一个原因是它的影响力难以衡量。正如前面所说的,衡量一个组织的健康程度对其运营底线的影响几乎是不可能的;有太多的变量将它与无数其他的因素割裂了。不过,这丝毫没有削弱组织健康的影响力,只是记者和学者很难以一种明确和定量的方法证明它的价值。

最后,组织健康被忽视是因为构成它的要素似乎没有什么新意。从很多方面来看,它们的确不是新事物。它的基本要素(领导力、团队精神、文化、战略和会议)早已成为学术界的讨论话题。问题是我们一直以来只是以偏理论的方式孤立地研究这些要素,而没有从整体和实用的角度把握它们。

我们可能把媒体、学术界和领导者对组织健康的忽视轻描淡写地说成现代企业文化中的另一个有趣、遗憾的现象。然而,这种忽视会让我们付出沉重的代价。

不健康的代价

曾经在不健康的组织中工作过的人(几乎所有人都有过这样的经历)都知道办公室政治、功能障碍、混乱和官僚作风会让人苦不堪言。尽管我们喜欢拿这些糟糕的事情开玩笑，不容否认，它们也让我们付出了沉重的代价。

组织的不健康带来的经济损失是不可否认的：资源和时间的浪费、生产率的下降、员工流失率的上升、客户流失。组织由于这些问题造成的损失，以及解决这些问题所耗费的金钱是惊人的。

这还只是问题的开始。当一个组织的领导者彼此不再真诚时，当他们把自己部门或自身利益凌驾于更大的组织之上时，当他们对"什么是真正重要的"这一问题产生分歧或感到困惑时，他们会给组织中的成员带来真正的痛苦，他们自己也会被这种痛苦折磨。

除了对组织本身的影响，不健康的组织还有更大的社会影响。在不健康的组织中工作的人最终会觉得工作是一份苦差事。他们觉得成功的希望渺茫，更糟糕的是，他们会觉得一切都无法掌控。这会熄灭他们心中的希望之火，伤害他们的自尊，而这一切又会从他们工作的公司渗透到他们的家庭生活中去，从而导致更深层的个人问题，造成多年都挥之不去的阴影。这简直是悲剧，而且是完全可以避免的悲剧。

我指出这一切只是希望我们不要低估组织不健康的影响，更重要的是，为了让我们能够充分把握眼前的机会。把不健康的组织变成健康的组织，不但会带来巨大的竞争优势，提升效益，还能够给在组织中工作的人们的生活带来真正的改变。对于领导这一切的领导者来讲，这是最有意义、回报最大的事业。

还有一个问题需要回答，这个问题将占据本书余下的部分：组织如何才能变得健康？

四原则模型

1. 建立一个富有凝聚力的领导团队

2. 打造组织清晰度

组织健康

4. 强化组织清晰度

3. 反复充分沟通组织清晰度

组织不是以一种线性、有序的方式变得健康的。与建立婚姻或家庭一样，这是一个无序的动态过程，它要求同时做几件事情，而且必须持之以恒。不过，这个无序的动态过程可遵循4个简单的原则。

原则1：建立一个富有凝聚力的领导团队

如果组织的领导团队在5个基本方面缺乏行为上的凝聚力，组织就不可能健康。在任何组织中，从公司到公司内的一个部门，从小型的初创企业到教堂或学校，领导层的功能失调和缺乏凝聚力必然导致整个组织的不健康。

原则2：打造组织清晰度

除了行为上的凝聚力，一个健康组织的领导团队必须能够达成共识，并在六个简单却非常重要的问题上达成一致意见。在这些基本问题上，领导者之间不能有分歧。

原则3：反复充分沟通组织清晰度

一旦领导团队建立了行为凝聚力并在基本问题上达成了明确的一致意见，就必须清楚地、反复地、热情地和反复地（此处不是语误）将这些问题的答案传达给员工。谈到强化组织清晰度，再多的沟通也不为过。

原则4：强化组织清晰度

最后，要想让一个组织长期保持健康，其领导者必须建立一些重要的非官僚系统，在每个涉及人的流程中强化组织清晰度。每项政策、每个项目、每项活动都是为了提醒员工什么是真正重要的。

这一模式有效吗？

有效。当组织的领导者有凝聚力时，当他们在一些关键问题上达成清晰的一致意见时，当他们不断地传达对这些关键问题的答案时，当他们采用有效的程序强化这些答案时，他们就创造了一个想不成功都难的环境。

当然，如果这些领导者在战略、财务和营销方面犯了灾难性的、愚蠢至极的错误，就会给组织造成破坏。不过，健康组织中的人很少犯这种错误。这是因为有凝聚力的领导团队能避免"集体迷失"（集体错觉），从错误中吸取教训，并指出彼此存在的问题，避免发展到不可收拾的地步。所以4个原则中的首要原则是建立一个富有凝聚力的领导团队。

原则1 ▶

建立一个富有凝聚力的
领导团队

图中文字：

1. 建立一个富有凝聚力的领导团队

2. 打造组织清晰度

组织健康

4. 强化组织清晰度

3. 反复充分沟通组织清晰度

凝聚力的价值

假设有两个组织。

第一个组织的领导团队彼此坦诚相待，热烈讨论重要问题，执行明确的决策，即便他们最初可能存在分歧。当他们的行为或表现需要纠正时，他们会指出彼此的问题，会把注意力放在组织的共同利益上。

第二个组织的领导团队彼此心存戒备，也不太真诚。他们在对话中相互隐瞒，虚假承诺，当他们的行为或表现需要纠正时，他们会表现得犹豫不决。他们往往按照自己的日程，而不是集体的计划行事。

问题： 与第二个组织相比，第一个组织有什么优势？获取这种优势值得我们投入多少时间和精力？

要想让组织健康，并获得与之相伴的优势，其领导团队必须采取的第一步是使自身具有凝聚力。这没什么可说的。如果领导一个组织的团队无法实现行为上的统一，组织就不可能健康。

这有点像家庭。如果父母的关系失调，家庭也会不和谐。并不是说家庭中不会出现好事情，只是说这个家庭不可能充分发挥潜能。

很少有组织为此付出足够的时间和精力，当然也达不到建立一个富有凝聚力的团队所要求的严苛程度。

几乎从来没有人对领导团队凝聚力的重要性表示异议，即便质疑心最重的高管。但不知何故，很少有组织为此付出足够的时间和精力，当然也达不到建立一个富有凝聚力的团

队所要求的严苛程度。所以我们难免会得出这样的结论，即在领导层的团队合作这个问题上，大部分组织要么只是动嘴上功夫，要么低估实现它所需要的条件。无论哪种情况，显然如果他们想消除团队中的功能障碍，就需要采取更好的做法。

值得一提的是，我写了一本关于此问题的书——《团队协作的五大障碍》，这是一则寓言，讲的是一位领导者接管了一个充满办公室政治斗争、功能失调的团队，并努力实现转变的故事。该书提供了一个虚构却深入、现实的案例研究，讲述了一个团队要想改变，应该如何与功能障碍做斗争。我还写了一本《克服团队协作的五种障碍》，详细地讲述了如何应用我们在咨询实践中使用的很多活动和工具。

本部分将对这个模型进行全面的概述，并给出一些建议，告诉大家如何应对5种团队功能障碍，如何采取富有凝聚力的领导团队的积极行为。我还将通过真实的故事，讲述我从客户和读者那里学到的东西，因为上述两本书要比本书的出版分别早10年和7年。

首先，我们要搞清楚领导团队到底是什么。

定义领导"团队"

团队这个词被人们普遍滥用和误用，其影响力已经大大降低。实际情况是，只有很少的领导小组能够真正像一个团队那样工作，至少不是领导一个健康的组织所要求的那种团队。大部分的所谓团队更像《团队的智慧》（*The Wisdom of Teams*）一书的作者乔恩·R.卡曾巴赫（Jon R. Katzenbach）和道格拉斯·K.史密斯（Douglas K. Smith）所说的"工作组"。

理解工作组的一种很好的方式是把它想象成一个高尔夫球队，球员一起出去打球，各打各的，在一天结束的时候聚在一起，把他们的分数加起来。而一个真正的团队更像一个篮球队，以一种互动的、相互依赖的、通常可角色互换的方式共同行动。大多数工作组称自己为团队是因为人们用这个词来描述存在工作联系的任何群组。

> 团队合作并非一种美德，而是一个选择——战略上的选择。

成为一个真正的团队，要求其成员做出发自内心的决定。团队合作并非一种美德，而是一个选择——战略上的选择。这意味着选择作为一个真正的团队的领导者，愿意接受实现真正的团队协作所需要付出的努力和牺牲。不过在此之前，他们应该就领导团队的定义达成一致意见。

领导团队是指为了实现组织的共同目标而共同负责的一小群人。

要想对如此宽泛的定义有一个准确的理解，我们需要对一些词语做出更明确的解释。让我们来看一下。

一小群人

我遇到过的很多团队都在困境中挣扎，因为它们太大了。这是一个大问题，也是很常见的问题。一个领导团队应该由3~12人组成，不过8人或9人以上的团队往往都有问题。关于团队的大小问题，没有特别的规定，取决于现实情况。

一个团队中有太多人会导致各种各样的问题，不过主要问题是关于沟通的。谈到讨论和决策，有效团队的成员必须以两种关键的方式沟通：陈述和询问。哈佛大学的克里斯·阿吉里斯（Chris Argyris）教授引入了这一理念。

陈述是大多数人都习惯采用的一种沟通方式，一般用来陈述案例或阐述观点。"我认为我们应该改变做广告的方式，或者说我建议削减成本。"

询问要比陈述更珍贵、更重要。当人们对另一个人的陈述提出问题，寻求更为明确的解释时，询问就发生了。"你为什么觉得做广告的方法是错误的？你指的是它的哪个方面？或者说，你有什么证据证明我们的费用太高了？你对此有多大把握？"

这与一个团队的大小有什么关系呢？有很大关系。当一个团队超过8人或9人时，成员所做的陈述就会远远超过他们的询问。这是因为他们不太确定自己能否再得到说话的机会，于是他们利用宝贵的发言时间宣布他们的立场或阐述观点。当一个团队很小时，成员更可能利用他们的大部分时间询问问题，因为他们相信自己还能得到发言的机会，能够在必要的时候分享他们的想法或意见。

如果你还不是很明白，可以想想美国国会或联合国这样的机构，成员们利用他们宝贵的发言时间阐述观点或做陈述。大的委员会或组织中的任务小组也是如此，人们很少利用自己的机会进行更深入的探索，而只是堆砌一个又一个的观点。这肯定导致误解和错误的决策。

如果说这种现象如此突出（基于这些年来我与领导者和他们的团队打交道的经历，我确信是这样的），那为什么仍然有很多组织在领导团队中安排过多的人？

这通常是因为他们想"兼收并蓄"，从办公室政治上讲，这展现了他们愿意接受尽可能多的人的意见。尽管这样的陈述适合放在车尾贴上或绚丽的海报上，对组织的决策来讲却是不利的。兼收并蓄，或者其背后的基本理念，应该通过确保领导团队的成员能够充分代表并深入挖掘下属的意见，而不是扩大团队的规模来实现。

领导团队过大的另一个原因是负责的领导者缺乏智慧和勇气，他们吸纳员工进入领导团队是对其的一种奖励，或者作为吸引外来者加入公司的一种诱饵。"我不能给比尔加薪或升职，不过如果我让他加入领导团队，他会很高兴。或者，如果你来我们公司，我将让你成为我的直接下属。"这些是让员工加入领导团队的糟糕理由。

诺亚方舟管理团队

一家小电信公司收购了一个与之大小相当的竞争对手，为了安抚被收购公司的高管，首席执行官同意将两组领导者合并到我所说的"诺亚方舟"管理团队中。管理团队的每个位置都有两位领导者，分别代表其中的一方。两个营销领导、两个销售领导、两个……我想你明白了。尽管这听起来很可笑，但他们坚信这是最好的做法。

领导团队中有这么多人（最多的时候达到17人），会议变得混乱不堪。这个团队做决定的能力降低了，正如你预料的那样，高管们越发觉得无聊，一些人甚至在员工会议上睡大觉（这不是在开玩笑）。

除了这些滑稽可笑的事情，让我觉得最有趣的是最后的解决方式。高管们最终对官僚主义和时间浪费失望透顶，他们开始要求首席执行官将他们移出管理团队！他们愿意放弃自己梦寐以求的位置，只是为了避免在这样一个大得难以驾驭的团队中浪费时间和精力。

具有讽刺意味的是，诺亚方舟方法的最终影响不是提高了新收购公司中的员工士气，而是相当长时间的过渡、否定和沮丧。

当高管出于错误的原因将人们置于领导团队中时，他们就破坏了领导团队的宗旨。一个人应该进入领导团队的唯一原因是，他代表的是组织的关键部分，或者能够带来真正重要的知识或技术。如果有人不满意自己的薪酬或状态，或者不太愿意接受一个工作机会，领导者应该正面解决问题，而不是使领导团队变得更大、更无效率，使问题变得更复杂。

让我吃惊的是，很多聪明人会为了一时的权宜之计牺牲团队的有效性和可管理性。这一不可否认的证据表明，很多高管，不管他们说什么，并没有真正认识到领导团队凝聚力的重要性。

共同负责

这也许是工作组和真正的领导团队的最重要的区别。集体责任意味着团队成员的无私奉献和共同牺牲。

是什么样的牺牲呢？首先是有形的、实实在在的牺牲，包括预算分配、人数或资源需要从一个部门流向另一个部门。做这样的牺牲说起来容易做起来难，因为没有一个领导愿意回到自己的部门宣布奖金会减少，或者为了帮助更需要人的部门渡过难关而减少本部门的人数。不过，这正是真正的领导团队的成员所做的事情。

除了这些有形的牺牲，团队成员还需要做出其他牺牲，它们发生的频率更高——往往每天都有，其中两个大的牺牲是时间和情感。

有凝聚力的团队的成员会花很多时间共同解决超出他们正常职责范围的问题。他们会参加会议，帮助团队成员解决问题，即便这些问题与他们的部门没有任何关系。也许最有挑战性的是，他们会参与艰难的、令人不舒服的讨论，甚至为了解决可能妨碍团队实现目标的问题，毫不留情地指出同事的缺点。尽管他们本来可以避免这些麻烦，回到"相对安全"的办公室，去做所谓的"日常工作"，也就是自己部门的工作，但他们还是选择这样做。

共同目标

尽管这是显而易见的，但还是有必要说一下一个领导团队的最重要的目标应该是大家共同的目标。如果组织中的最重要的目标是增加销量，那么它就是团队中每个成员的共同目标，而不只是销售负责人的目标。在一个有凝聚力的团队中，没有人会说，我该做的都做了，我们的失败不是我的责任。

还有一个理念是很多领导团队声称他们相信，却很少能真正接受。大部分领导团队过度依赖只擅长某方面的人，基于团队成员的头衔和管理职责把不同的目标分派给不同的成员。

虽然我们需要分工和专业知识，但谈到管理更大组织的重要事项，领导团队成员必须把他们的目标看作大家共有的。

最后，如果一个团队有一个共同的目标，他们的薪酬或奖励结构的很大一部分，尽管不一定是全部，应该以这一共同目标的实现程度为基础。当领导者宣扬团队合作，却对个人的成就予以奖励时，就会让员工感到困惑，给真正的团队行为造成障碍。

现在我已经给出了领导团队的大致定义，接下来要关注的是建立富有凝聚力的团队的步骤。这一过程的核心是每个团队都必须接受的5个行为。

行为1：建立信任

真正有凝聚力的团队的成员必须相互信任。这似乎是最显而易见的道理，是每个组织都非常了解和重视的行为。因此，你可能以为大多数领导团队都非常善于建立信任。而结果证明，他们在这方面做得并不好，我觉得造成这种结果的一个重要原因是他们对信任的认识是错误的。

很多人从预测的角度来解释信任：如果你能够预测一个人在特定的情境中会有什么样的表现，你就能够信任她。"我认识莎拉很多年了，当她说打算做某事时，我相信她会说到做到。"这可能是值得称道的，却不是建立一个优秀的团队所需要的信任。

我将建立一个优秀的团队所需要的信任称为"基于弱点的信任"（Vulnerability-Based Trust）。当团队成员完全适应在彼此面前坦诚和毫无保留时，当他们能够发自内心地说"我把事情搞砸了""我需要帮助""你的主意比我的好""我希望我能做得和你一样好",甚至"对不起"时,就会产生这样的信任。

当团队中的每个人都知道其他人会开诚布公,没有人会隐藏自己的弱点或错误时,他们就建立了一种深入的、非寻常意义上的信任。他们能够更自由、大胆地与彼此交流,不会浪费时间和精力装腔作势。随着时间的推移,这就在他们的工作甚至家庭生活中形成了一种凝聚力。

"基于弱点的信任"的理论核心是人们愿意放弃自己的骄傲和恐惧,为了团队的共同利益而牺牲自我。虽然起初可能有点恐惧感和不舒服,但最终它会让那些厌倦了花费时间和精力反复思考自身行为和管理人际关系的人得到一种心灵上的解脱。如果你觉得这听起来像一种赤裸肉麻的理论,放心,没有的事。无论是刚刚组建的团队,还是在不太信任的环境中工作了多年的团队,这一目标都是完全可以实现的。

个人经历练习

学习建立"基于弱点的信任"的第一部分是一个必要的小步骤,因为强制要求人们开诚布公,把自己的弱点暴露在对方面前不太现实,也没有效果。尽管真正相互信任的团队成员会在展现自我时坦言自己的优点、弱点、想法和观点，但他们需要以一种自愿的方式开始。所以，在一次外出会议上，我让团队开展了一次快速练习活动，让他们每个人在大家面前简单介绍一下自己的生活。让他们说自己是在哪里出生的，有几个兄弟姐妹，自己排行第几，最后，在他们的童年时代，他们遇到的最有趣和最难以应对的挑战是什么。我们并不是对他们的童年生活感兴趣，只是想知道童年时代的他们曾经面临什么样的挑战。

"基于弱点的信任"的理论核心是人们愿意放弃自己的骄傲和恐惧，为了团队的共同利益牺牲自我。

这样的讨论只需15~20分钟，而且总是有效的。不管我与一群领导者开展过多少次这样的练习活动，我总是希望他们说"来吧，帕特，我们对彼此已经完全了解了"，不过这样的情况从来都没有发生过。有些人可能对团队中的一两个人比较熟悉，不过每当我与一个领导团队开展这样的练习活动时，围坐在桌旁的人们会意外地发现他们对同事其实并不是很了解。

这无疑会带来一种新的尊重，因为当有人意识到他们的某个同事经历并走出了困境，或者取得了巨大的成就时，他们就会产生由衷的钦佩之情。更重要的是，当团队成员意识到向同事说一些他们从未提起过或从来没有被问到过的事情是没有关系的，甚至令人愉快时，他们就会开始适应向人们敞开心扉。

除此之外，这种练习还能够让人们以诚相待。当听到公司的首席执行官说他小时候因为长得胖，或者家里非常穷而受欺负时，很多人的戒备心理就会消除。作为顾问，在20分钟的简单练习活动过后，我总会发现团队的状态会发生快速变化，本来以为对彼此很了解的团队成员之间会有一种全新的尊重、仰慕和理解，无论他们的头衔、年龄或经历如何。

背后的故事

一家大型保险公司的管理团队成员对他们的首席财务官有意见，因为年纪比较大，当涉及预算问题时，该首席财务官不会给同事太多的自由。大家的共识是：首席财务官不相信团队成员能够做出正确的决策，于是他觉得有必要在涉及支出的所有情境中都进行微观管理。大家对首席财务官越来越失望，而且这种失望情绪似乎没有减弱的趋势。

然后团队开展了"个人经历练习"。当轮到首席财务官描述他的家庭情况和童年时，他说他是在20世纪50年代的芝加哥长大的，他家里很穷，很穷。在他童年的一部分时间里，家里没有室内管道，电力供应也时好时坏。听完他的描述，你可能以为这个家伙是在19世纪50年代长大的。

当讲完自己是如何长大的之后，他尽最大努力以平淡的语气说出这样的话："这也许就是我对钱如此吝啬的原因。我永远不想再那样穷了。"

房间里鸦雀无声，每个人都在回味这些话的微妙力量。我惊奇地发现高管们开始重新评估自己对首席财务官的态度，接下来关于支出的对话很快上升到了新的层次。如果他们没有花时间从人性的角度了解彼此，就不会有这样的结果。

当然，如果止步于此，几小时或几天之后，团队的信任水平还会快速回到原来的水平。个人经历练习只是帮助团队成员放下戒备、敞开心扉的第一步。

行为描述

这个步骤尽管比第一个深入，总体而言仍然是没有威胁的。它涉及使用行为描述工具帮助团队成员更深入地了解自己和同事。我们更倾向于使用MBTI职业性格测试（Myers-Briggs Type Indicator，由迈耶斯在其母亲布里格斯的研究基础上扩展而来），因为它被广泛应用并得到认可，而且似乎非常准确。当然也不排除还有其他一些可用的工具。

行为描述工具的有效性关键在于得到的信息是中性的，换句话说，性格类型没有好坏之分。一切都是有效的，团队成员的每种性格类型都同样有用。这听起来像幼儿园老师对学生所说的话，但这是真实的、重要的。每个人都有很多对团队有益的自然倾向，当然也有对团队无益的自然倾向。

目标是让团队中的每个人向他们的同事展现这些倾向，这样做既是为了让他们加深对彼此的了解，也是为了让他们逐步适应向同事袒露自己的弱点和缺点。当领导团队成员愿意承认彼此的弱点和缺点时，他们也就默许了同事指出自己的这些弱点和缺点。当然，这一测试也可以用来确认自己的长处。

有时候，最大的突破正是在团队成员向彼此袒露弱点的过程中出现的。

MBTI职业性格测试突破

我曾经与一家咨询公司的领导团队打过交道。我起初并不知道这家公司的两名高管不喜欢在一起工作，他们不信任彼此。在我们开展MBTI职业性格测试讨论的过程中，一些让人意想不到的事情发生了。

这两位高管中的一名——巴里向整个团队大声读了他的MBTI职业性格测试描述。其中一部分描述包含这样的事实：他是一个完美主义者，每当他不能以在他看来最好的方式把事情做到最好时，他就会拖延。

与他关系不好的同事汤姆打断了他："请再读一遍。"

巴里将这一描述重新读了一遍，汤姆似乎惊得目瞪口呆。

最后，汤姆说："这么说，这是你的性格的一部分了？"

巴里点点头："是的，我在家里也是这样。我不想拖延，只是当我不能把事情做到最好时，我就会很痛苦。"

"当你直到最后一分钟才改变主意时，我还以为你不尊重我。"汤姆表现得非常诚恳，"我不知道……"他并不需要把这句话说完。

他们两个坐在那里，慢慢消化这个简单却令人印象深刻的真相。我敢发誓他们的眼睛都湿润了。

最后，汤姆说："你知道，我可以帮助你，如果你愿意的话。"

对方主动提供帮助，和汤姆的关系也有了新的突破，巴里的心理负担似乎消失了，"那太好了"。

然后他们站起身来，抱在一起，像婴儿一样哭了。

当然，我是开玩笑的，不过拥抱之前的部分都是真实的。

基本归因错误

基本归因错误（Fundamental Attribution Error）是妨碍对彼此不太了解的人们建立信任的一个有趣现象。尽管听起来有点复杂和高深，实际上却非常简单。

基本归因错误的含义是，人们往往倾向于把他人做出不恰当行为的原因归结为其本身（如性格、素质等，认为是内部因素造成的），而将自己的错误行为归结为环境因素（认为是外部因素造成的）。例如，如果我看到一个爸爸在杂货店里对自己5岁的女儿怒目而视，并且用手指指着她的脸，我可能认为这个家伙脾气暴躁。如果我对自己5岁的女儿怒目而视，并且用手指指着她的脸，我可能认为我的行为是由孩子的任性导致的。

在这种错误的归因中，我们将自己的错误归因于所处环境，却将他人的错误归因于其自身原因，这无疑会破坏团队成员间的信任。对抗这种错误归因的最好方式是，帮助团队成员对彼此有一个基本的了解，让他们拥有尽可能多的信息，知道某人是什么样的，这个人为什么会有这样或那样的行为。这样做大大增加了人们用有利于团队建立信任和友好关系的洞察力、同理心和品质取代不公平判断的可能性。正如圣弗朗西斯的祷文所说的那样，我们更应该做的是去了解，而不是被了解。尽管情况并非总是如此，更深入的了解有时能够带来惊人和即时的结果。

避免代价高昂的错误归因

我正在为一家有多个分支机构的大型科技公司的管理团队组织为期两天的外出活动。团队成员从全国各地飞来开会，他们每隔几个月就会有一次这样的安排。

在我做完了关于组织健康和团队合作的开场白之后，我们休息了一会儿。首席执行官把我拉到一边，给我指了指他的销售副总裁卡尔，并悄悄对我说："我可能要在这次活动结束后解雇他。"

我很吃惊。这位首席执行官没有透露细节，只是告诉我他认为卡尔没有团队精神，他更感兴趣的是自己，而不是整个组织。

中场休息过后，我们开展了MBTI职业性格测试活动，卡尔向团队宣布他是挑战者型（ESTP）。曾经与ESTP型的人共享一间卧室的我能够很好地描述他的类型："所以，我猜你不喜欢礼节，你往往会缺席会议和打破规则，因为你觉得这些对你的成功没有帮助。你总是能够找到创造业绩的方法，但有时你的行为会引发众怒。你的一线员工可能喜欢你，但管理层认为你有点离经叛道。"

我的准确描述让房间里的人发出了紧张的笑声。活动还在继续。

我看了看首席执行官的性格类型——ESTJ型，该类型的人最讨厌的就是破坏规则和对系统缺乏尊重。我看了看卡尔，又看了看首席执行官。"他有时真的会让你发疯。"卡尔和首席执行官都看着我，就好像我是一个算命先生，房间里的其他人都大笑起来。基于我对他们行为倾向的基本了解，我能够描述这两名高管之间可能的关系状况。卡尔并没有否认我所说的一切，首席执行官突然对自己与销售副总裁的关系有了全新的认识。最重要的是，他现在可以将卡尔的行为归结为他的性格，而不是态度问题。这并不意味着卡尔就可以我行我素了，不过这使首席执行官对他有了更深入的了解。

会议结束时，首席执行官把我拉到一边，说他不会解雇卡尔了，这证明增加相互间的了解能够帮助我们克服基本归因错误并建立信任。

过度坦露弱点

有些人问我：如果向同事完全敞开心扉、过度坦露自己的弱点是否会伤害自己？我的回答是不会。

团队建立真正信任的唯一方法就是敞开心扉，毫无保留。

认为完全向同事敞开心扉会导致团队成员受伤，实际上是暗示自己应该隐瞒关于自身弱点、错误或需求帮助的信息。这从来都不是什么好主意。也许在团队发展的最初阶段，完全敞开心扉是不太现实的期望。但不久之后，团队建立真正信任的唯一方法就是敞开心扉，毫无保留。

如果某个团队成员在每次会议上都有一箩筐的错误和缺点，那肯定是有问题的。不过，这种人的真正问题是能力不足，而不能归咎于向同事承认自己的缺点、错误和问题。

最后需要指出的是，向同事敞开心扉并不意味着团队成员将团队作为自己的私人心理治疗小组。如果团队成员把自己的所有秘密都说出来，肯定会有人感觉不舒服。这也需要有一定的判断力和情商，我发现绝大多数领导者都能够把握好分寸。

领导带头

我们的目标是让领导团队的所有成员都敢于在众人面前坦率地承认自己的弱点和错误，不过如果团队的领导者（无论这个人是首席执行官、部门主管、牧师，还是校长）不起带头作用的话，这样的目标是无法实现的。如果团队领导者不愿意承认自己的错误或在其他所有人看来很明显的弱点，想让团队的其他成员迈出这一步几乎是不可能的。事实上，这样做对他们来讲甚至是不可取的，因为他们不会得到鼓励或奖励。

无法敞开心扉的领导者

我曾经与一个令人生畏的首席执行官打过交道，他很少收到领导团队成员的未经过滤的或诚实的反馈。在人力资源主管的强烈要求下，他以匿名调查的方式向团队成员征求反馈意见，然而几个月过去了，他都没有与团队分享调查的结果。最后，在人力资源主管的劝说下，他同意在一次管理层会议上透露这一结果。

在这次会议上，他首先大声宣读了调查数据显示的他的最大弱点。然后他停顿了一下，面带疑惑地问："嗯，你们是怎么想的？"令人尴尬的是，围坐在桌旁的高管们轮流否认这是一个问题，尽管这一数据是由他们提供的。首席执行官接着读他的下一个弱点，又问这些人是怎么想的。这些胆小的高管们又一个接一个地对他们提供的数据加以否认。太不可思议了！

最后，一个勇敢的团队成员承认他同意报告中的一个数据，他在调查中给出的回答与报告中的数据是一致的。在一段尴尬的停顿之后，团队的另一名成员宣称他没看到这个问题，其他高管们也随声附和，只剩下那位诚实的团队成员惹得首席执行官不高兴。

除了令人失望的场景，这次会议的真正影响是首席执行官向他的团队传达了一条明确的信息：我不会承认自己的弱点和错误，所以你们也不应该承认。从那一刻开始，团队成员不再承认自己的弱点和错误，也不向彼此寻求帮助。该公司的业绩不断下滑，最终以很低的价格被其他公司收购。尽管新闻记者和行业分析师将它的失败归因为战略和产品的糟糕决策，但领导团队的成员知道这些只是表面症状，真正的问题始于首席执行官的信任缺乏。

团队的领导者为他的团队成员创造安全的互相坦露自己缺点、增进相互了解的环境的唯一方式，就是第一个站出来做让自己感觉不安全和不舒服的事情。通过在其他人面前毫无保留地坦露自己的弱点和错误，通过承担无人响应的风险，领导者展示了非同寻常的无私和奉献精神。这样他就有权利，也有信心要求其他人也这样做。

　　为了创建一个健康的组织，信任只是有凝聚力的团队必须培养的5个行为原则中的1个。然而，信任是其中最重要的，因为它是其他行为的基础。简单地说，信任使团队合作成为可能。只有当团队基于信任时，他们才能够接受其他4个行为原则。

行为2：掌控冲突

与流行观点相反的是，冲突对于一个团队来讲不是坏事。事实上，害怕冲突几乎是问题存在的迹象。

当然，这里所说的冲突指的不是那种围绕着人或性格的严重冲突。相反，指的是积极有效的意识形态冲突，是在讨论重要问题和做出关键决策时，人们愿意表达不一致的意见，甚至在必要时进行激烈的争论。不过，这种情况只会在相互信任的环境中发生。

> 在相互信任的环境中，冲突只是对真理的追求，是为寻找最好的答案所做的努力。

如果团队成员相互信任，当自己没有正确答案，每个人都能够坦白这一点并愿意承认其他人的想法更好时，对冲突的恐惧感和不适感就大大降低了。在相互信任的环境中，冲突只是对真理的追求，是为寻找最好的答案所做的努力。冲突不但是可以的，而且是组织需要的。然而，没有信任的冲突是办公室政治，是为了操控他人，想方设法地在争论中取胜，无论事实真相如何。

不适感

不过，并不是说积极有效的冲突就不会带来任何不适的感觉。即便在彼此最信任的团队成员之间，当分歧出现时也会有一些不适的感觉。不过这是健康的不适，表明大家在某个问题上的紧张情绪是必要的，需要进行讨论。

克服逃避不适的倾向，是对所有领导团队最重要的一项要求——实际上是对任何领导者的要求。生活中的重要努力，无论是关于创造、运动、人际关系的，还是学术的，都会带来一定程度的不适感，这使我想起那句老话，"没有付出，就没有收获"。当我们逃避必要的痛苦时，我们不但无法体验到痛苦，从长远来看，还会使痛苦加剧。

冲突不耐症

在我的职业生涯早期，我曾遇到过一个领导团队，首席执行官无法容忍冲突，实际上是尽力避免冲突。因此，管理层会议总是枯燥乏味，而且没有多大意义。

一天，管理团队中的几个人争论了起来。这一点我记得很清楚，因为那是我在会议上看到过的最有趣的事情，因为人们终于开始深入研究需要讨论的问题了。毫无疑问，这会让人感觉不舒服，因为大家开始发泄对彼此的失望情绪。不过这一切都是真实的。

突然，首席执行官把自己的椅子往后一推，站起身来，大声说道："我没有时间听这些。"然后走出了会议室。

他传达的信息再清楚不过了：我宁愿忍受无聊、无效的会议，也不愿意忍受冲突带来的不适感。从那时开始，会议一直都不顺利，做出糟糕的决策也就不奇怪了。

其中的一项决策，关于产品方向的一项关键决策，在管理层会议上讨论的时间才短短几分钟。结果证明，它带来了毁灭性的破坏：数百名员工失业、顾客流失、公司股价大幅下跌。十多年之后，行业分析师和之前的员工都认为这一决策愚蠢至极。而他们不知道的是，这样的结果不是智力上的缺陷导致的，而是因为领导者不愿意忍受健康的冲突带来的不适感，不愿意让他的直接下级深入讨论核心问题。

避免冲突

避免冲突导致的问题不只是枯燥的会议和糟糕的决策，尽管这些已经很糟糕。当领导团队成员避免他们之间的不适感时，他们只是把更多的不适感转嫁到他们所在的组织中的更多人身上。实际上，他们是在让其下属解决本来应该在上层解决的问题。这就导致员工的焦虑和工作的痛苦，以及组织生活中的其他一系列问题。

当领导团队成员避免他们之间的不适感时，他们只是把更多的不适感转嫁到他们所在的组织中的更多人身上。

冲突很关键，同时我们还要知道，不同的人、不同的家庭和不同的文化参与冲突的方式是不同的。在其他条件都一样的情况下（尽管这是不太可能的），谈到如何参与冲突，日本的企业和意大利的企业有很大的不同。同样，纽约的企业可能与洛杉矶的企业看起来也不一样。这是没有问题的，因为参与健康冲突的方式不止一种。有问题的是团队成员避免分歧，在重要的问题上不表达自己的真实想法，这可能导致糟糕的决策和人与人之间的不满。

不参与冲突的团队成员为什么会对彼此产生不满情绪呢？当人们在存在分歧的问题上不能做到开诚布公时，他们在这一问题上的分歧就会不断发酵，直到转变成对彼此的失望情绪。

当有人在会议上阐述意见或提出建议，他的同事对此并不赞同时，这些同事面临一个选择：他们既可以表达自己的不同意见并解决这一问题，也可以选择隐瞒自己的意见，让自己悄无声息地失去同事的尊重。当团队成员习惯于选择后者时（隐瞒自己的观点），失望情绪就会出现。实际上，他们决定容忍自己的同事，而不是信任他。

随着时间的推移，每当这位同事说话时，他们会竭力掩饰自己的失望。如果某个同事得到的只是容忍，这种待遇会逐渐让他感到受伤和不被尊重，这对于他来讲是难以理解的。我们不难看出这样的行为会对团队的凝聚力造成多么大的破坏。

作为一个爱尔兰-意大利裔美国人，我似乎从出生开始就充满激烈冲突，在童年时我也经常遭遇冲突。不过，我的工作团队中的成员很少来自习惯于大喊大叫或表现出分歧的家庭。这就制造了潜在的问题。为了缓解这一问题，团队成员需要足够开放地向彼此解释他们的冲突倾向，然后找到共同点。在这一过程中使用MBTI职业性格测试是有帮助的，因为人们对待冲突的态度会受到其性格、行为倾向，以及家庭和文化背景的影响。

冲突轴

谈到组织中的冲突状况，我发现了一个冲突轴。轴的一端没有任何冲突。我把它称为"表面的和谐"，因为它的主要特点是几乎在任何问题上人们表现出的都是虚情假意的微笑和虚假的一致意见，至少表面上是这样的。轴的另一端是破坏性的冲突，人们总是争吵不休。当离开"表面的和谐"这个极端时，你会遇到越来越多的建设性冲突。在这两个极端位置的中间有一条分界线，越过了这条界限，建设性的好冲突就会变成破坏性的冲突。

冲突轴

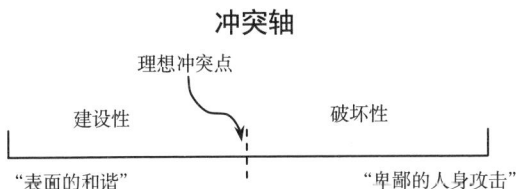

理想冲突点

建设性　　　　　　　　　破坏性

"表面的和谐"　　　　　　　　"卑鄙的人身攻击"

我们在影视剧中经常看到参加会议的人像久经沙场的将军一样激烈地争论，而与这种场景相反的是，大部分组织所处的位置非常接近"表面的和谐"这个极端。他们在开会时会竭尽全力地避免直接的、让人不舒服的分歧，或者避免做会让他们离开这一舒服的极端的任何事情。为什么？因为每当他们沿着这条线向中间位置，也就是能够让他们遇到越来越多的建设性冲突的位置移动时，他们就觉得自己离冲突浩劫更近了一步。于是他们逃回了消极、非直接沟通和表面和谐的世界里。

这一轴上的理想位置位于靠近分界线的左边（理想冲突点）。在这点上团队参与了所有可能的建设性冲突，却从来没有进入破坏性的领地。当然，这是不可能的。在任何团队中，在任何家庭或婚姻中，有些人在有些时候会跨越这一界限，他们的言行不再是建设性的。不过团队不能因此而害怕，而是要认识到这样的情况是难以避免的，并学会管理它。他们必须从略带破坏性的冲突中恢复过来，这样才有勇气不断地回归最理想的位置。最后他们将树立起信心，相信自己能够经受住偶尔越界的考验，甚至会变得更加强大，彼此间的信任也会加强。不过，如果管理者在表面和谐的世界里裹足不前，这样的情况永远也不会发生。

冲突越界的好处

我们的一位顾问亲身经历过跨越冲突界限的好处，当时他正在与一家租赁公司打交道。他帮助首席执行官、总裁和其他高管处理有关薪酬和股票的问题。显然，团队中的很多成员对最近做出的一些改革不太满意。

在尴尬的谈话中，一位销售高管对着总裁爆发了："你知道，我们来这里的真正原因就是你变得太贪婪了，我们已经成了高薪劳工！"

接下来是长时间的沉默。这位总裁似乎很震惊，其他的高管看着顾问，希望他能够帮大家解围。顾问抑制住了插手的冲动，让沉默继续，希望团队最终重归于好。

最后，在10～15秒的沉默之后（我们的顾问感觉就像两分钟），那位发怒的销售高管说话了："等一下，这不公平。我不能让7年的关系因为我的发火而毁掉。对不起，我把我的意思重新说一遍。你们改变了股票政策，却没有告诉我们为什么。这就好比在游戏进行到一半时突然改变规则，它会带来很多不愉快的情绪。"

总裁接受了道歉，接下来团队中的其他人也开始表达他们在心中隐藏了很长时间的担忧。在会议结束时（这次我没开玩笑），销售高管走到总裁面前给了他一个拥抱。这对于团队来讲是一个突破，如果没有人越界（如果顾问没有给他们自行解决问题的空间），这样的事情就不会发生。

没有什么地方比非营利性组织更倾向于"表面的和谐"了。在这些组织中工作的人往往有一个错误的认识，他们不能对彼此失望或表示不赞同。他们的行为混淆了善与爱。

> 当相互信任、相互关心，并共同承担重要使命的两个人对事情有不同的看法时，应该努力表达不同的意见，甚至进行激烈的争论。

当相互信任、相互关心，并共同承担重要使命的两个人（对我来讲，这听起来像一个使命驱动的非营利性组织）对事情有不同的看法时，应该努力表达不同的意见，甚至进行激烈的争论。毕竟，做出糟糕决定的后果是很严重的。当领导团队成员不愿意表达不同意见时，他们不但增加了失去彼此尊重并遭遇更具破坏性的冲突（人们开始在走廊里抱怨）的可能性，做出的糟糕决策还会让他们的服务对象失望，而他们所做的这一切都是以"善"的名义做的。

增加冲突的方法

即便团队认识到冲突的重要性，让他们参与冲突也是很难的。这表明了我们的文化对不适感的厌恶有多么强烈。为了克服这种厌恶，团队领导者需要采取一些做法。

为了提升团队中的健康冲突水平，领导者能够采取的最好的做法是在会议中发掘冲突。当怀疑有潜在的冲突时，他们可以请大家把心里的想法说出来。表面来看，发掘冲突就像唯恐天下不乱，非要找点麻烦不可。不过，事实刚好相反。通过寻找并暴露还没有浮出水面的潜在甚至细微的分歧，团队领导者（团队成员也可以这样做）能够避免破坏性的走廊抱怨，而当人们不愿意参与直接的、积极的辩论时，走廊抱怨是难免的。

增加冲突的另一个方法是实时批准。也就是说，当人们开始尝试参与冲突时，他们需要得到及时、积极的反馈。不管最初的冲突看起来多么小，它都会让人产生不适感。

因此，当领导者看到他的下属在会议中有不同意见时，即便不值得一提的小事情，他也应该做一件表面看来有违常理却非常有用的事情——打断。没错，当人们开始提出质疑时，领导者应该打断他们，告诉他们这样做是对的。

这听起来有些屈尊俯就，甚至孩子气，不过给人的感觉不是这样的。它给了人们克服负罪感所需要的许可（他们肯定要与负罪感做斗争），能够鼓励人们继续参与健康却不舒服的冲突，帮助人们消除不必要却分散精力的紧张感。我曾经在与我合作过的很多团队中采用过这种做法，当有人在他们表现出冲突的时候及时提醒他们，表达不同意见是在帮助团队而不是伤害团队时，他们心中的压力就没有了，紧张感似乎也消失了，这样他们就能集中精力解决眼前的问题。

领导者帮助其团队克服对冲突的厌恶感的另一种方法是创建明确的期望和指导方针。

投入度规则

我们的一位顾问曾经为一家大型饮料公司的一个分部的领导团队提供过咨询服务。在他的努力下，该分部的副总裁认识到团队需要更多的冲突。遗憾的是，他们很难让大家参与冲突。这是很常见的现象。

于是，副总裁制定了两项正式的规则。

第一，如果大家在讨论中保持沉默，他就会把它理解为分歧。大家很快意识到，如果他们不参与讨论的话，是无法做出决定的。第二，在每次讨论结束时，副总裁会在房间里走一圈，让团队中的每个人对决定做出正式的承诺。

这两项简单的规则马上改变了他们的会议，并增加了健康的冲突。如果副总裁只是告诉他的团队应该更多地参与冲突，就不会有这样的结果。

最后要记住，不愿意参与冲突并不总是冲突本身的问题。在很多情况下，或者说大多数情况下，真正的问题是缺乏信任。不要忘了当团队成员对相互袒露自己的弱点和错误有不适感时，他们在参与冲突时也会感觉不舒服或不安全。如果是这种情况，关于冲突的培训或讨论再多也没有用。要想让真正的冲突发生，首先要建立信任。

信任为冲突创造条件，冲突能够使一个富有凝聚力的团队采取下一个关键行为：做出承诺。

行为3：做出承诺

冲突如此重要，因为没有冲突，团队就不能确定成员们做出了承诺。如果人们没有机会发表看法、提出问题并理解背后的原因，就不会积极地对某项决定做出承诺。可以这样说，"如果人们不参加讨论，他们就不会买账"。

这是非常关键且需要加以澄清的一点，因为它不应该被误解为以达成绝对共识为目标的争论。如果领导团队等达成完全一致意见之后再采取行动，他们的决定往往就太迟了，而且是大家都不太满意的无关痛痒的决定。这将导致决策平庸和令团队成员感到沮丧。

> 如果领导团队等达成完全一致意见之后再采取行动，他们的决定往往就太迟了，而且是大家都不太满意的无关痛痒的决定。这将导致决策平庸和令团队成员感到沮丧。

组织健康是重要的竞争优势

Organization Health is an Unique Competitive Advantage

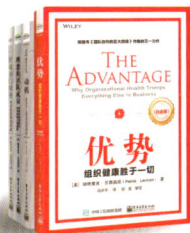

- **有声书**：动机：领导者的定位与职责
- **轻学课**：克服团队协作五项障碍
  高效组织之**会议六步法**

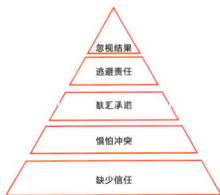

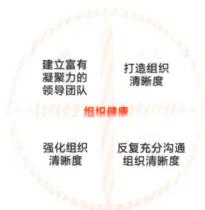

忽视结果
逃避责任
缺乏承诺
惧怕冲突
缺少信任

建立富有凝聚力的领导团队　　打造组织清晰度
组织健康
强化组织清晰度　　反复充分沟通组织清晰度

本书增值服务
有声书+轻学课+专家解读

扫码听课

世纪波　Century Wave

世纪流　Online College

世纪畅优　Century Vision

优秀的团队会避免共识陷阱，他们崇尚的理念是具有传奇色彩的芯片制造商英特尔所说的"不赞同但仍能全力以赴"。他们认为即便人们不能在某个问题上达成共识，在离开会议室前仍然要对共同的行动方案做出清晰明确的承诺。很多高管一听到该理念就意识到这正是他们需要的。不过，他们需要记住，从领导者的角度来讲，这要求他们有意地引发冲突并接受冲突带来的不适感，毕竟该理念中包含"不赞同"的部分。

只有当同事们开诚布公、毫无保留地表达意见时，领导者才能够自信地履行他的最重要的职责——做决策。当领导者知道团队中的每个人都参与了讨论，并提供了做出合理决策所需的所有可能的观点之后，他就可以给讨论做出一个明确而清晰的结尾，并要求团队成员拥护最后的决策，即便他们一开始并不赞同。

有些领导者很难相信这一点，觉得如果他们对某个有争议的话题表达了不同意见，就降低了兑现承诺的可能性。不过，这实际上是对他们员工的低估。实际情况是，在这个世界上很少有人会因为自己有不同的看法就无法支持某个决策。大部分人都是理性的，只要他们有表达意见的机会，就能够支持其他人提出的想法。不过，如果没有冲突，如果不同的意见没有被表达出来并加以辩论的话，让团队成员对一个决策做出承诺几乎是不可能的，至少不是主动的。

如果会议结束时人们没有对决策做出积极的承诺，他们回到自己的座位后也不会制订破坏这项决策的计划。这种情况只会在影视剧中出现，那是剧情需要。在现实生活中，真正发生的情况要无聊得多，而且更危险。

大部分领导者学会了消极赞同的艺术：去参加会议，当一项他们并不赞同的决策做出时，他们只会微笑和点头，然后回到自己的办公室，以尽可能消极的态度对待这一决策。他们不会在自己的团队中宣传它，当然也不愿意"跑到铁轨上对着可能失事的火车挥手"。他们会静观其变，期待出事的那一天，到那时他们就可以说："哎，我从一开始就不太喜欢这个主意。"这往往会让组织陷入艰难的处境，并付出沉痛的代价。

消极的代价

一家国际制药公司的领导团队意识到它的销售额开始下降，支出却在朝着相反的方向发展。在一次管理层会议上，首席执行官决定，为控制成本，要求大家在乘飞机旅行时暂停乘坐头等舱和商务舱。这对于经常出差和进行长途旅行的人来讲似乎不太容易做到。

和往常一样，团队中不鼓励辩论。高管们只是点点头表示同意，这是首席执行官非常乐意接受的承诺。

参加这次会议的高管当中有一半的人回到他们的团队之后下达了这一不受欢迎的命令，要求团队成员改变旅行的方式，另一半高管则告诉他们的员工不用把这一命令当回事。当组织中的人开始注意到不同部门间的行为存在差异时，愤怒和沮丧情绪爆发了。

兑现承诺的部门的员工对他们的领导感到不满，因为领导要求他们遵守比其他部门更高、更难以执行的标准。兑现承诺的领导对忽视承诺的领导很生气。

无法兑现真正的承诺的代价（不参与健康冲突的结果）是不可否认的。不要考虑人们继续乘坐商务舱的经济支出，与高管们由于没有实现真正的、积极的承诺而遭遇的信誉损失和办公室政治相比，这些经济支出是不值一提的。

避免消极破坏的唯一方式是领导者要求团队成员参与冲

突，并让他们知道无论团队最后做出什么样的决定，他们都要对此负责。

具体协议

我发现，即便接受冲突和辩论的团队在承诺上也会遇到困难。这是因为他们在讨论结束时无法达成具体的协议。尽管他们坐在同一个房间，讲同样的语言，但在会议结束时，他们对刚刚做出的决定的认识也是不同的。只有一种方法能够避免这一问题。

在每次会议结束时，富有凝聚力的团队必须花几分钟时间确保参加会议的每个人在离开时对刚刚达成的协议和刚刚做出的承诺有一致的认识。遗憾的是，当会议即将结束时，人们往往希望快点儿离开，所以他们更有可能容忍一些模棱两可的决定。富有凝聚力的团队会坚持做到回顾承诺，并用足够长的时间澄清不是特别明确的事情。

确保人们能够严肃对待这一程序的一个好方法是要求人们回到自己的团队之后，准确传达刚刚达成的协议。当团队成员知道他们需要站在自己的下属面前为一项决定做出承诺时，如果他们不理解或不赞同它，就更有可能反对这一决定。尽管这对于一群急于离开会议室的高管们来讲有点痛苦，但比多花时间明确协议和承诺更痛苦的事情是带着混乱和错误的信息回到组织中。

承诺缺失

我们的一位咨询顾问曾经帮助一个信息技术团队明确部门的核心目标和价值观。会议结束后，这位顾问鼓励该团队进行进一步的明确，直到他们彼此都完全清楚这些目标和价值观，然后再向团队中的其他人传达这些信息。

该团队承诺再开一次会议，消除任何可能的意见分歧。遗憾的是，他们从来没有抽出时间来做这件事，后来他们决定召开一次大型的展示会议，向为他们工作的50多名管理者推出新的目标和价值观。

在那次会议上，来自高管团队的一些领导者开始做陈述，他们的陈述很快就遭到了反对。遗憾的是，这些反对不是来自那50多名管理者，而是来自高管团队中的人员，这个人宣称他从来都不喜欢也不愿意接受所陈述的这些信息。

房间里所有的人都目瞪口呆。高管团队的承诺缺失不但使他们之前的努力都付诸东流，而且使他们在下属面前丧失了信誉。"我们看起来很愚蠢，而且确实如此。"高管团队的领导者坦言，"我们都无法达成共识，却在那里要求其他人与我们一道。我发誓这样的情况永远不会再出现。"

在接下来的一次高管外出会议上，团队坚持做到了完全明确他们所做的承诺。当他们向更大的群组传达信息时，他们不但展现出了一致性，而且承认了之前的工作失误，并承诺他们将采取行动避免这样的问题再次发生。

尽管很少有人怀疑在讨论结束时实现积极、明确承诺的重要性，很多人却没有真正考虑这一点如此重要的实际原因。只有当人们知道他们的同事完全接受了一项决定，才有勇气接受富有凝聚力的团队的第4个也是最艰难的行为——担当责任。

行为4：担当责任

要想让一个团队坚持其决策并实现目标，团队成员也需要承担责任。有时候，人们会故意偏离计划或决定，做一些对他们本人有利却对团队不利的事情；有时候，人们会在无意识的情况下偏离目标，在日常工作的起起落落中迷失方向。无论哪种情况，团队都有责任纠正这些人的问题，让他们回到正确的轨道上。

当然，如果人们对自己的同事是否真正接受团队做出的决定持怀疑态度，他们往往不愿意去纠正同事的行为。这就是承诺如此重要的原因。如果大家知道某个决定只得到了消极的承诺，他们就不太愿意去纠正同事的行为。他们本不该如此。毕竟如果一个人从来没有真正接受某个决定，当他的同事指出自己偏离了这项决定时，他会听吗？

同事压力

注意，这里关注的是同事。这是因为同事间互相负责是一个健康组织的领导团队的责任感最主要、最有效的源泉。大多数人认为高管团队的领导者应该扮演去问责他人的主要角色（这是不健康的组织中的普遍现象），不过这种认识不符合现实，而且毫无意义。

> 同事间互相负责是一个健康组织的领导团队的
> 责任感最主要、最有效的源泉。

如果团队成员一看到同事偏离团队的承诺，就去告知领导者的话，他们就为混乱和办公室政治创造了完美的环境。团队成员开始怀疑是谁背叛了他们，他们会对彼此产生怨恨，团队领导者发现自己不断地被卷入纷争，如果没有他插手的话，问题也许能够得到更快、更有效的解决。

当团队成员知道他们的同事做出真正的承诺时，他们就敢当面指出各自的问题，不必担心遭到抵制或反对。毕竟他们只是在帮助某个人回归正确的轨道，或者查清看起来不太合适的事情的原委。行为或表现受到质疑的人愿意承认自己无意中迷失了方向（毕竟他是坦诚的），并调整自身的行为。

习惯在没有凝聚力的团队中工作的人，会觉得我所说的这一切听起来像童话故事；而对于在富有凝聚力的团队中工作过的人来讲，这只是确保彼此关注最重要的事情的有效方式。

承担责任活动

我们的一位咨询顾问服务过一个组建还不到一年的领导团队，而且团队成员有好几个月没真正见过面了，所以活动过程中遇到了一些困难。

在一次外出会议上，我们的顾问指导该领导团队开展了一次承担责任活动，要求团队成员当面指出彼此的行为存在的问题。这一活动并不像听起来那么恐怖，往往要花1小时的时间。不过在这次活动中，因为团队成员已经很长时间没有见面了，而且他们要做出让彼此负责的更大承诺，所以活动持续了3小时。

针对这次活动中做出的评论有：

"当首席执行官要独断专行时，你需要勇敢地向他提出异议。"

"你把我卷入了我本不需要参与的对话。直接去找我的下属，得到你想要的。"

"你的下属没有告诉你，不过你自我解嘲式的幽默冒犯了他们，伤害了你的团队。"

"你向同事表达了对我的不满，却没有直接来找我。这伤害了所有人。"

"小心你自以为是的态度。它破坏了我们的头脑风暴。"

毫无疑问，在这3小时里，出现了一些紧张局面，不过大家都在认真倾听，期间还不时传来笑声。最重要的是，大家在表达想法时并没有犹豫。尽管这次活动花了很长时间，团队成员却找回了他们久违的信任，他们向自己证明了作为一个不断进步的高效团队，他们能够齐心协力。

克服"胆小鬼"因素

具有讽刺意味的是，团队构建真正的互相负责文化的唯一方式是，领导者展示出他愿意面对艰难的处境并能够问责。团队的领导者，尽管不应扮演问责的主要角色，却总是最终的仲裁者。如果他不愿意扮演这一角色（当他需要对团队成员的行为或表现予以纠正时，却总是表现得唯唯诺诺、畏缩不前），团队中的其他人就不会扮演他们应该扮演的角色。这是有道理的。如果连团队领导者都不愿意指出某个成员存在的问题，甚至有可能让他们侥幸逃脱的话，其他的团队成员为什么还要这样做呢？

所以，一个领导者越是善于对团队成员问责，指出其存在的问题，他被要求这样做的可能性就越小。他越是不问责，越有可能被下属要求这样做，他们不愿意帮他做这些费力不讨好的事情。我很清楚这一点，因为我在这个问题上总是遇到困难；我很清楚我的员工不愿意对彼此负责只是因为我的失职（我在努力改进这点）。

很多领导者处理不好问责问题却不自知。有些人会告诉我既然他们不害怕解雇人，肯定也不会有责任问题。当然，这是错误的。解雇人并不一定是负责的表现，却往往是一个不知道或不愿意要求人们负责的领导者最后的懦弱行为。

负责的核心是有勇气当面指出别人的不足，然后等着应对他们的反应，可能不是愉快的。这是一种无私的行为，根源于我很少在商业书中使用的一个词——爱。要求某人负责是对他们的关心，这关心强烈到即使有被他们责备的风险也要指出他们的不足。

要求某人负责是对他们的关心，这关心强烈到
即使有被他们责备的风险也要指出他们的不足。

遗憾的是，更为自然、常见的情况是领导者会避免要求
大家负责。这是妨碍领导团队和他们的组织充分发挥潜能的
最大障碍之一。在完成"团队协作的五种障碍评测"（参见
后面的"同事间相互负责面临的普遍挑战"）的团队中，最
低的分数往往出现在责任领域。

同事间相互负责面临的普遍挑战

圆桌集团（The Table Group）发现了困扰团队的
一个主要问题：团队成员往往会避免对他们的同事负
责，不会指出可能对团队不利的表现和行为。这一趋
势是通过从圆桌集团的在线团队评估中收集的数据总
结的，这一包含38个问题的在线评估工具衡量的是一
个团队出现这5种障碍的可能性。在回顾参加这一在
线评估的12 000个团队的情况时，数据显示，65%的
团队在责任上得了"红色分数"，或者说是圆桌集

团的三个分数等级（绿—黄—红）中的最低分。获
得红色分数的其他4种行为包括信任（40%）、冲突
（36%）、承诺（22%）和结果（27%）。

在这些方面得分最低的团队所占的比例如图所示。

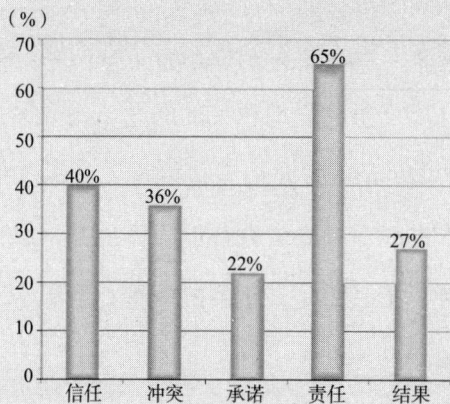

（%）

70	
60	65%
50	
40%	
40	36%
30	27%
22%	
20	
10	
0	信任　冲突　承诺　责任　结果

很多在责任方面存在问题的领导者（我就是其中的一
员）试图说服自己，他们的不情愿是因为仁慈，他们只是不
想让员工不安。不过，如果审视一下自己心中的真实动机，
他们不得不承认其实是不想让自己不安，无法负责从根本上
来讲是自私的行为。

毕竟，隐瞒对员工的成长有帮助的信息根本谈不上高尚。最后，这名员工的问题会影响他的业绩评价，甚至导致他被解雇。解雇一个行为存在问题却没有得到纠正的员工不算是好心。

行为与标准

一些领导者并没有意识到他们有责任问题，是因为他们更喜欢指出与可衡量的表现相关的问题。比如，当一个直接下属连续4个季度无法完成销售目标，或者无法按照具体要求及时交付产品时，领导者往往能告诉他并采取行动。这也是问责的一种，不过不是最重要的一种，更根本、重要和困难的问责是关于行为的。

毕竟，即便最不情愿、最胆怯的领导者也能鼓起勇气告诉某个人他没有完成任务。这是相对客观、没有主观判断的行为，所以它是安全的，不包含情感因素的。而指出某个人的行为上的问题就是另一回事了。它涉及更有可能引发防御反应的主观判断。

对行为负责比对可量化的结果负责更重要，这与它的难度无关，因为行为问题总是先于（并导致）绩效和结果的下滑。无论是足球队、销售部门，还是小学，可衡量的绩效的下滑总是可以追溯到行为问题上。在实践中缺乏对细节的关注，打陌生推销电话时不注意原则，在制订教学计划时准备不足……所有这些都是在可衡量的结果出现明显下滑之前早已存在的行为问题。优秀的领导者和优秀的团队成员会及时指出彼此存在的这些问题，因为他们看到了二者之间的联系，而且他们关心团队的发展，愿意为此承担责任。

与一个不相互负责的组织相比，一个相互负责的组织所具有的竞争优势是不可比拟的。最大的优势是问题能够早发现、早解决，不会引发办公室政治造成的附带伤害。无论你的衡量标准是更高的收入、更高的效率，还是更低的员工流失率，好处都是巨大和真实的。

这里需要指出的是，人们往往混淆责任和冲突，因为它们都涉及不适感和情感。不过，它们之间是有着很大区别的。冲突是关于问题和想法的，而责任是关于表现和行为的。尽管参与冲突对于很多人来讲是很难的，但至少它是比较客观的，与个人的行为无关。对于大部分人来讲，对彼此负责要难得多，因为它涉及个人和行为的判断。

团队有效性练习

建立成员彼此负责的团队的一个好方法是"团队有效性练习"（Team Effectiveness Exercise，TEE）。这里要详细解释一下，因为它很简单，只需要花1~2小时，却能使团队成员相互负责，提高团队效率。它是非常有效的。

我们一般在为期2天的外出会议的最后开展这一活动，不过前提是确信团队已经建立了一定的信任基础（他们往往能够做到）。如果团队成员不能开诚布公，开展这一活动就是没有意义的。

在活动中，首先让每个人写下其他团队成员所做的一件让团队变得更好的事情，换句话说，写下除自己之外的其他所有人对团队产生积极影响的最大优点。我们感兴趣的不是他们的技术能力，而是他们在团队中表现出的对团队发展有利的行为方式。

然后让每个人写下其他团队成员所做的可能对团队产生不好影响的事情。在经过10~15分钟的深入思考和写下答案之后，每个人都差不多完成了。

之后，首先从领导者开始，我们走到团队成员中间，让每个人说一个领导者的优点，然后让领导者用一句概况的话做出回应。在大多数情况下，积极的反馈都会让领导者备感荣幸，有时甚至感到意外。我们再次走到团队成员中间，让大家说一个该领导者需要改进的方面。在每个人提供了反馈之后，我们再次要求领导者对反馈信息做出一个简短的回应——不是反驳，只是回应。

然后，我们针对团队中的其他成员开展了同样的活动。每个人大概花了10分钟时间接受来自同事的积极和建设性的反馈，并做出简单的回应。1~2小时之后，活动就完成了。此时人们往往围坐在桌旁，怀着激动的心情回味他们刚刚分享的直接、诚实和有用的反馈。事实上，几乎所有人的回应都是接受和感激。

这一活动的作用不只是分享信息，尽管这一点也很重要。最大的影响是领导团队成员能够意识到对彼此负责是可持续、富有成效的活动，能够促使他们将来继续开展这一活动。在某些情况下，最终的结果是特别有效的。

主动离职

我们的一位顾问曾经为一家大公司的信息技术部门提供

咨询服务。领导团队中的很多人都对同事弗雷德的行为不满，他与掌管这个团队的首席信息官关系密切。他们认为首席信息官没有指出弗雷德的破坏性行为，而在偏袒弗雷德。首席信息官后来也承认他器重弗雷德的技术能力，不愿意做任何导致弗雷德离开的事情。

在一次外出会议上，团队指出了首席信息官的不公正，尤其是对弗雷德。首席信息官承认了这个问题，宣布他会解决这一问题。

在接下来的几个月，首席信息官开始对弗雷德的行为问责。团队中的其他人也纷纷效仿，更加直接地指出了弗雷德的行为问题。没有了来自上司的保护，习惯受庇护的弗雷德最后离开了这家公司。

与害怕失去弗雷德相反的是，首席信息官发现团队中的其他人的表现得到了改进。首席信息官把这归因为弗雷德的离开，以及团队发展的新的相互负责的文化。

失去团队成员并不是构建相互负责文化的附带结果。在大多数情况下，团队成员只是对彼此提出更高的要求，并看到集体表现得到改进。不过，在一些情况下，实现这一目标的唯一方式就是失去团队中的某个人。不过，这当然不是常态。

无论怎样的情况，当团队成员指出彼此的行为问题时，心里总会有一些不舒服。不过，最后团队的凝聚力会得到增强，团队成员的个人满意度也会提高，与这一切相比，任何暂时的不适都是不值得一提的。

公开场合还是私下场合

经常有人问我领导者是应该在私下场合面对面地指出下属的问题或提出建设性意见，还是应该在公开场合，如在会议上。尽管每个团队的情况都不太一样，一般而言，我认为在富有凝聚力的团队中，最好在整个团队面前进行。这是因为当领导者和团队成员在整个团队面前指出彼此存在的问题时，他们能够获得更多的信息。

首先，当在公开场合（如会议上）指出团队成员存在的问题时，团队的每个成员都能够同时得到信息，并能够从其他团队成员的问题中吸取教训，避免犯同样的错误。其次，大家知道领导者指出了同事的问题，这样他们就不会怀疑领导者是否完成了责任这项工作。最后，它能够强化相互负责的文化，从而增加了团队成员对彼此负责的可能性。当领导者（和同事）把对彼此负责的讨论限制在私人对话中时，大家就会怀疑这些讨论是否真正发生了。这往往导致消极的走廊谈话和无端的揣测。

尽管如此，当需要处理相对严重的问题，或者涉及人员去留问题时，情况就完全不同了。为了保护团队成员的尊严，这些问题最好在一对一的私下场合处理。不过，这可能是有风险的，所以我们经常建议领导者让他的下属知道他在处理这个问题，从而避免消极和危险的揣测。

尽管指出团队成员的问题是不舒服和困难的，却能够帮助团队和组织避免更加昂贵的代价和更加困难的处境，还能使团队接受富有凝聚力的团队的最后一个关键行为——关注结果。

行为5：关注结果

信任、冲突、承诺和责任的最终目标只有一个：结果的获得。这似乎是显而易见的，不过事实证明，团队成功的最大挑战之一就是对结果的忽视。如果说管理团队的成员不关注他们所在组织的结果，他们会关注什么呢？比如，各自部门的结果。太多的领导者似乎对自己领导的部门，而不是其所属的领导团队和应该共同服务的组织，表现出更多的关注和忠诚。对个人职业发展、分配机制、地位和自我的担忧都是妨碍团队专注团队或组织结果的常见干扰因素。

> 无论一个领导团队的自我感觉有多么良好，无论它的使命有多么崇高，如果它领导的组织很少实现目标，从严格意义上讲，它就不能算一个优秀的团队。

有些人觉得过于强调结果有点冷酷，不利于激励人心。不过，我们不能回避的事实是，衡量一个优秀团队（或者一个优秀组织）的唯一标准是它能否实现预定的目标。有些不太成功的团队领导者仍然坚称他们有一个优秀的团队，因为团队成员相互关心，从没有人离开团队。对这种情况更为准确的描述是，他们有一个普通的团队，他们喜欢在一起合作，没有受到失败的严重困扰。无论一个领导团队的自我感觉有多么良好，无论它的使命有多么崇高，如果它领导的组织很少实现目标，从严格意义上讲，它就不能算一个优秀的团队。

记住，营业收入和利润率不是成功的唯一衡量标准，即便在营利性组织中（当然，不能否认这些也是重要的衡量标准）。不同的组织对结果和成功的定义是不同的，这取决于组织存在的原因。足球队最有可能根据输赢衡量自己，学校往往根据是否为学生的下一个阶段的教育打好基础衡量自己，教堂则是根据吸引了多少教徒来衡量自己。这并不是说所有这些组织都没有财务指标衡量标准，只是说财务指标可能不是它们首要的衡量标准。

在传统的营利性组织中，财务指标当然在目标等级中占据了显著的位置，而且本该如此。毕竟，财务指标显示了一个组织为客户服务和实现使命的情况。不过，即便在这些组织中，其他的衡量标准也是同样重要的。很多组织，往往是私人的小组织，每天都会为客户做一些可能永远都不会给他们带来经济收益的事情。他们这样做是因为他们觉得这是应该做的事情，或者因为他们觉得这也许能够提高他们在市场上的影响力。无论理由是什么，如果他们是有意识地做了这一决定，知道自己想要什么的话，那么他们仍然在关注结果。

共同目标

谈到富有凝聚力的团队如何衡量绩效，有一个标准可将它与没有凝聚力的团队区分开来：富有凝聚力的团队的目标是在整个团队中共享的。这不只是从理论上说人们应该互相帮助，而是要具体得多，也困难得多。

在大部分组织中，结果被不同部门分割开来。高管们认为自己对部门之外的目标只负有很少的责任或没有责任。当然，这与团队合作是对立的，不过不知何故这并没有妨碍很多领导者称自己为团队，也不妨碍他们鼓吹部门间合作的重要性。

要想让一个团队成为真正的团队并实现最大的产出，唯一的方式就是确保每个人都关注同样的事情——朝着同一个方向努力（如果他们愿意的话）。当营销部门将营销状况作为部门绩效的衡量标准，而其他部门也只从自己部门的利益出发时，我们没有理由相信这样的团队会协同配合。也许这听起来很简单，但大部分领导团队似乎没有认识到这点。

同一个团队，同一个分数

在最近的一次失利之后，我儿子所在足球队的一个13岁的男孩对我说："我并不觉得我们输了。"

"真的吗？"我问他，"你是怎么想的？"

他自豪地宣布："我是前锋，我们前锋打进了三个球，我们完成了目标。实际上是防守队员输了这场比赛，他们是失败者。"

我友好地指出他的想法有多么荒谬，这不只是因为一个团队只有一个得分，而且因为球场上的每名队员都要防守，尽管处于球场的不同位置。甚至前锋都扮演了给对方的防守队员设置障碍、使他们难以组织进攻，从而防止对方球队得分的角色。

这个孩子笑了笑，承认了他原来的想法是荒谬的。

要是说服领导团队成员也这样容易就好了。他们当中太多的人没有看到自己做出的决定与这些决定对其他部门的影响之间的联系。他们似乎不知道自己花费时间、精力和使用资源的方式能够影响组织的整体表现。他们的态度就好比坐在船这一头的渔夫对着另一头的人喊："喂，你那头正在下沉。"

优秀的团队会确保所有的成员，无论他们各自的责任和专长是什么，都要尽最大努力帮助团队实现目标。这意味着他们需要询问其他部门的情况，并尽其所能主动帮助可能面临困难的部门，因为这些困难可能危及整个组织的成功。

第一团队

领导者在团队中打造集体观念的唯一方式是确保所有的成员把他们所属的团队放在比其领导的团队更重要的位置。处理这一问题的一个好方法是问他们哪个团队对他们来讲是第一位的。很多高管会承认尽管他们忠于自己所属的团队，但他们所领导的团队对于他们来讲却是第一位的。他们的理由是，他们雇用了这些直接下属，他们坐得更近，他们每天共事的时间更多，他们喜欢做团队的领导者。此外，他们感受到了下属的忠诚，觉得这些人想要并需要他们的保护。

这绝对是自然和常见的心理，也是可以理解的，不过是危险的。

如果一个领导团队的成员对他们所领导的团队的承诺和忠诚度比他们所属的领导团队还要高，那么他们所属的团队就像美国国会：人们来到这里只是为了给自己的选民争取权益。领导健康组织的团队拒绝这一模式，并达成艰难却重要的决定：高管必须把更高团队的需求放在其部门的需求的前面。只有这样，才能更好地为整个组织服务，并使它有最好的表现。

领导健康组织的团队拒绝这一模式，并达成艰难却重要的决定：高管必须把更高团队的需求放在其部门的需求的前面。

通过把团队的优先权从个体转向集体，并展现出对第一团队的真正承诺，团队将获得巨大的竞争优势。

第一团队

我们与一家大公司的首席信息官合作过。让她苦恼的是，她的团队成员似乎只是忙于自己的事务，不太关心其他部门的同事在做什么。因此，合作与协作很少，IT部门的整体绩效和声誉受到了影响。

首席信息官向团队指出了这一问题，她宣布将采取具体措施把员工的注意力吸引到第一位的团队上来。这些措施包括让她的每个直接下属离开自己的部门，搬到公司园区中的同一座大楼的同一层。她每天早晨还会让团队进行一次5分钟的非正式集会，从而开始建立转变组织、更好地为公司服务所需要的工作和个人关系。

起初她的直接下属有抵触情绪。他们不想离开自己的部门，因为只有在那里他们才会身心舒适，而且他们担心自己的直接下属会有被抛弃的感觉。不过因为上司已经发话，他们只能照办。

短短几个月的时间，高管的行为、团队中的协作，以及组织的整体表现，都有了很大的改善。"不知何故我们成为一个有着共同目标的崭新团队，而不是各自为政的分部。我们不能想象回到原来的方式，"首席信息官的一个下属评论道，"当我们部门的人看到我们这些管理者如此和谐和专注时，他们也深受影响。"

接受第一团队观念的惊人力量是我们在与领导者打交道的过程中见到过的最令人满意、振奋人心的事情。

团结的证明

我们的一位咨询师与一家精神病院的首席执行官合作过，这位首席执行官厌倦了下属的各自为政。在几个月的时间里，他们两个人把团队的注意力转向了组织的集体利益。

首席执行官对这一事件的回应证明了一切："第一团队的观念为我们的团队创造了共同的语言和认同感，树立了把个人目标、问题和利益放到一边，关注组织共同利益的心态。我相信因为有了这种心态，我们在复杂的商业环境中处理具有挑战性的管理问题时才没有分崩离析。"

原则1 检查清单：建立一个富有凝聚力的领导团队

当领导团队的成员能够认可以下陈述时，就可以确信他们已经掌握了这一原则：

◎ 为了保持高效，领导团队要足够小（3～12人）。

◎ 团队成员相互信任，并且能够真正地在彼此面前坦承自己的错误和缺点。

◎ 团队成员经常参与关于重要问题的积极的、未经过滤的冲突。

◎ 在团队会议结束时，大家达成明确、积极和具体的共识。

◎ 团队成员督促彼此对承诺和行为负责。

◎ 领导团队成员树立团队第一的理念。他们把更大组织的集体利益和需求放在自己部门的前面。

原则2 ▶

打造组织清晰度

清晰度的价值

让我们想象两个不同的组织。

第一个组织的领导团队成员对共同的事业充满激情，并拥有共同的价值观。他们制订了明确的成功计划，非常清楚他们与竞争对手的差别。在任何时刻，他们都能明确地说出集体的头等大事，而且他们知道团队中的每个人该如何促成这件事情。

第二个组织是由一群好心的高管经营的，他们非常熟悉业务的具体细节。不过，他们并不会花时间考虑或谈论组织存在的原因，或者应该由什么价值观驱动他们的行为。尽管他们谈到了战略的重要性，却不能真正地制定一个简单、明确的战略，他们也没有一致的方法来评估决策的正确性。领导团队总是根据一个来自各个方面的长长的目标清单进行管理，其中的一些可能是不兼容的，大部分只适合团队中的少数成员。此外，大部分团队成员对同事的具体责任知之甚少，而且也不感兴趣。

问题：与第二个组织相比，第一个组织有什么优势？这一优势值得我们付出多少时间和精力？

建立健康组织的第二个要求（打造组织清晰度）是关于实现组织内部一致性的。这个词经常被领导者、顾问和组织理论家使用。尽管它得到这么多的关注，令人沮丧的是，真正的一致性却很少见。管理组织的大部分高管（当然还包括为他们工作的员工）都能够证明这一点。

无法实现一致性的重要原因与一个事实相关：与很多其他的流行语一样，人们在使用它时并不清楚其具体含义。在创建健康组织的大背景下，一致性意味着尽可能地打造组织清晰度，不要给混乱、无序和内斗留余地。当然，建立明确性的责任自然落在了领导团队的肩上。

遗憾的是，与我打过交道的那些抱怨组织缺乏一致性的大部分领导者把它错误地归结为行为或态度问题。在他们看来，这是由他们手下的员工不想合作的事实造成的。这些高管并没有意识到如果上层领导者在一些非常具体的事情上步调不一致，即便员工愿意合作，组织中也不可能有深层次的一致性。

当然，很少有高管会否认领导团队成员间的根本性分歧会影响一致性和成功。不过，问题在于领导者往往会低估上层之间的细微分歧的影响力，以及管理团队成员间的不一致对组织的其他部分造成的损害。

领导者往往会低估上层之间的细微分歧的影响力，以及管理团队成员间的不一致对组织的其他部分造成的损害。

领导者往往同意在一些看似很小的问题上保留不同意见，从而避免不必要的争论和冲突。毕竟，在他们看来，意见和决定上的小分歧是无伤大雅的。他们不明白的是，如果他们不消除这些小分歧，手下的员工就会与其他部门的同事

斗得你死我活，两败俱伤。这将导致授权的对立面（我讨厌用这个词）。（注：作者讨厌的是"对立面"这个词、而非"授权"）

无论高管们如何在他们的讲话中鼓吹"授权"这个词，如果员工得不到明确、一致的信息，他们就无法充分履行职责。对员工来讲，最令人沮丧的事情莫过于在领导层的不一致造成的办公室政治和混乱中挣扎。这是因为领导团队成员间的一点点分歧都会给下级或下级的下级造成困惑和不知所措，有人把这称为"涡流效应"。不管叫它什么，它都是真实存在的，它是一个大问题，只要它存在，组织就不可能建立深层次的一致性。

假设大家都认识到明确性和一致性的好处，下一个问题是，我们如何去实现它？在回答这个问题之前，有必要先看一个反面例子。

废话

自20世纪80年代以来，很多组织为组织清晰度和一致性所做的努力都是围绕一个奇特的工具展开的。我所说的就是使命陈述，一个非常令人失望的工具。

虽然我不太确定，但我猜想大概在30年前的某个时候，某个有施虐倾向、敌视组织的顾问决定破坏组织的最佳方式，就是让他们相信他们需要的是一个复杂、难懂和无所不包的声明。在这些声明中，"世界一流""股东价值""增加价值"这些词用得越多越好。如果组织把这些声明打印出来并挂在大厅和休息室的墙上展览的话，那真的是难得的成就了。

即便我的猜测是不真实的，不容否认的是，大部分使命陈述既没有激励人们改变世界，也没有准确描述一个组织究竟以什么谋生。当然，它们也没有在员工之间建立一致性和明确性。它们唯一的功劳就是让很多领导团队显得很愚蠢。

如果你不相信的话，那就看看下面给出的这则使命陈述，它来自一件比较有名的公司的T恤。我把组织的名字去掉了，只有一个词可能透露其行业。看看你能不能猜出这是哪家组织。

使命陈述

　　_____股份有限公司为客户提供高质量的_____产品，以及做出明智的购买决定所需要的专业知识。我们致力于为客户提供最高质量的产品和服务，提升客户满意度，与员工发展长期的工作关系，增强员工自豪感，创造稳定的工作环境和企业精神。

　　尽管非常糟糕，但很难否认这一陈述是很常见的，与我们在职业生涯中见到的很多其他陈述没有太大区别。不过，这一陈述的特别之处在于它本来就是一个笑话。你知道，这是米福林（Dunder Mifflin）的使命陈述，情景喜剧《办公室》（*The Office*）中的一家虚构的皮包公司。这是恶搞。不过，它和我们的很多客户的大厅里挂的使命陈述很相似。

　　一致性和明确性不是靠拼凑一些通用的流行语和鼓励性的短语实现的。明确性要求采用更加严格、有具体表现的做法。

这里要说的是，一致性和明确性不是靠拼凑一些通用的流行语和鼓励性的短语实现的。领导者不能在T恤或有机玻璃等小玩意上宣传、推销和定位公司。明确性要求采用更加严格、有具体表现的做法。

六个关键问题

要想为员工提供他们需要的明确性，领导者必须在六个简单却关键的问题上达成一致意见，从而消除他们在认识上的细微差别。所有这些问题本身都不新鲜。需要注意的是，任何一个问题都不能单独处理；它们必须放在一起回答。在任何一个问题上无法实现一致性，都将导致组织无法达到获得健康所需要的明确水平。

这六个问题是：

1. 我们为什么存在？

2. 我们该如何行事？

3. 我们做什么？

4. 我们如何实现成功？

5. 目前最重要的是什么？

6. 谁必须做什么？

如果领导团队成员能够对这些根本的问题做出明确、一致的回答（不使用术语和客套话），他们就能够大大提高创建健康组织的可能性。这也许是获得组织健康优势的所有步骤中最重要的一步。

与本书中的其他问题一样，这些问题虽然表面看来非常容易，实际上却不然。看似容易是因为回答这些问题并不需要很高的智力水平，每个领导团队所具有的信息和经验都足以给出明确的答案。不过出于一些原因，回答这些问题可能并不容易。

首先，正如前述内容讨论的那样，它要求领导层的凝聚力。没有凝聚力的团队不可能进行热烈的辩论，也无法在这些问题上达成真正的一致意见。

其次，这是一个重要原因，在回答这些问题时，领导者往往会不自觉地陷入营销或标语心态，试图想出引人注意的短语或令人印象深刻的陈述。这一迹象表明团队可能迷失了方向，偏离了真正的目标——建立真正的组织清晰度和一致性。

> 重要的不是得到正确的答案，而是得到一个答案——一个方向上正确、所有团队成员都能认可的答案。

最后，回答这些问题是需要时间的。也许不需要几个月，不过，首先需要几天时间想出答案，然后在接下来的几周时间里再花一点时间完善。坐在一起讨论答案，并确保领导团队的所有成员都理解它们的含义，并达成一致意见，这是非常关键的。不过，如果他们想出的答案是错误的呢？事情是这样的：答案没有对错之分。我的意思是，谈到确定一个组织的方向，谁能说清对错？毕竟实现目标的方法不止一种。重要的不是得到正确的答案，而是得到一个答案——一个方向上正确、所有团队成员都能认可的答案。

完美瘫痪

很多组织很难理解答案没有对错之分。我想他们是受到了学者、分析师和行业专家的影响，这些人错误地把成功归结为精深的知识和正确的决策。记者们所写的故事总是得出这样的结论，一家公司取得成功是因为做出了正确的决策，尽管这些组织的领导者总是告诉你他们真正擅长的并不一定是得到正确的答案，而是能够团结在他们当时能够找到的最好的答案周围。这种后见之明的误导让人们以为关键在于准确性，而不是明确性。

很多格言验证了科学执行要比科学决策更加重要。很多年前我听到一句来自军方的话：有计划总比没有计划强。巴顿将军曾经说过，"今天就得到彻底执行的好计划要胜过下周才执行的完美计划"。这些格言验证了我在很多领导团队中看到的情况：无法实现明确性是因为高管们在等待完美。而就在这段时间里，混乱占据了统治地位，领导者失去了信誉，组织蒙受了损失。

再等等……

与我打过交道的一家大公司的营销负责人总是抱怨首席执行官的优柔寡断。他一再重复这样的问题："这个家伙什么时候才会宣布公司的战略方向呢？"这个营销负责人说话有些刻薄，不过说句公道话，我们当中的很多人还是赞同他的，尽管我们并不喜欢他对上司的轻蔑态度。

最后董事会罢免了这位首席执行官，让这位营销负责人掌管了公司。尽管我们喜欢之前的首席执行官，但还是满心期待，现在组织终于有了一位打算明确市场定位和描绘宏伟蓝图的领导者了。

在这位新首席执行官上任的前几周，我们礼貌地问他是否准备宣布公司的新战略方向。

"还没有呢，"他对我们说，"我要等条件再成熟一点。"

这对于一个新领导者来讲似乎是合情合理的，于是我们决定再给他一些时间。不过几个月过去了，他还是一直搪塞我们。当我们鼓励他为公司定方向时，他总是说"市场在变化"。而就在这段时间里，员工开始抱怨，竞争对手开始超越，公司陷入了瘫痪，这一切都是因为领导者想要找到完美的计划。

9个月之后（这是事实），我们仍然在没有明确方向的状态下运行。首席执行官唯一愿意提供的与明确性相关的新东西就是由三个词组成的营销口号（这三个词很押韵）。

当然，并不是说领导者只要想出这些问题的答案就可以了，不需要考虑它们在方向上是否正确，这是荒谬的说法。

我的意思只是说等待完全正确的决策只会导致平庸和最终的失败。这是因为组织在做决策（甚至是糟糕的决策）中不断学习、成长。通过果断地做决策，领导者能够从决策执行中得到明确、直接的数据。因此，领导者往往能够适时调整路线并打败优柔寡断的竞争对手，也许那些人还在为自己没犯错误而沾沾自喜，却不知已陷入了理论分析瘫痪，无法制订出明确的计划。

我们已经认识到以牺牲果断为代价追求完美的危险性，现在来看一下领导者为建立明确性和健康组织必须回答的六个关键问题。

问题1: 我们为什么存在?

回答这个问题需要领导团队认识到其存在的根本原因,也称为核心目标。吉姆·柯林斯(Jim Collins)和杰里·波拉斯(Jerry Porras)在他们的伟大著作《基业长青》(*Built to Last*)中引入了核心目标的理念:成功、经久不衰的组织知道其成立和存在的根本原因,而且他们忠于这一使命,这样就不会迷失方向。

我坚信吉姆·柯林斯和杰里·波拉斯是正确的。遗憾的是,我在咨询工作中遇到的很多团队没有理解吉姆·柯林斯和杰里·波拉斯的真正意图。相反,他们最终得到了毫无新意、平庸的使命宣言,不够崇高,也不够具体。

在每个组织中,各个层次的员工都需要知道,
他们所做的事情当中有一些崇高和伟大的东西。

一个组织的核心目标(组织存在的原因)应该是完全理

想化的。这一点再强调也不为过。很多领导团队很难接受这一理念，害怕自己想出的东西看起来太崇高、太远大。当然，这就是我们要的。在每个组织中，各个层次的员工都需要知道，他们所做的事情当中有一些崇高和伟大的东西。他们很清楚最终的目标会表现为有形的战术行动。

为了明确组织的目标，领导者必须接受"所有组织的存在都是为了让人们生活得更好"这一理念。这听起来有点理想化，不过，所有组织都应该以此为目标。追求其他不太崇高的目标是愚蠢的表现。没有人怀疑每个组织都必须有某种价值定位——吸引客户或相关者与之互动的理由。这一互动的核心就是对美好生活的期待。

不过，这并不意味着所有的组织都能对人们的生活做出巨大的、革命性的改善。大部分组织只是做出微小的改善，而且它们也不会改善所有人的生活，通常只改善一小部分人的生活。尽管如此，每个组织都必须以某种方式对某一部分人的生活做出改善，否则组织就会而且应该倒闭。

假设一个组织有能力找出存在的根本原因（我还没见过没有这种能力的组织），它面临的挑战就是明确和表达这一原因。如果领导者做不到这点，就没有理由期望员工每天早晨起床时都有一种使命感，而不只是想着完成任务和保住工作。

很有可能的情况是，你们公司（实际上，任何公司都有可能）并没有定义出自身存在的目标。我发现大部分公司没有明确的目标，至少没有合适的目标。我也意识到即便觉得自己有目标的组织，他们的目标也不够严谨、具体，这导致两个问题。

首先，这些团队无法得到来自团队成员的真正意义上的共同承诺。太多时候忙碌的高管们并不想参与在他们看来故弄玄虚的抽象对话，无论团队提出什么样的使命陈述，他们都表示同意。这导致行话连篇的空洞陈述。

其次，这些高管们并不认为公司的存在原因对他们做决策和管理组织有任何实际的影响。由于没有真实的理想化的界限，他们的管理方式是反应性的、缺乏预见性的，过于战术化和机会主义。他们往往由于参与各种随机的活动和项目而迷失方向，这些活动和项目能够带来短期的经济效益，从长远来看却是不合适的，往往会稀释员工在工作中的专注和激情。

一些高管尤其是对目标之类的东西持怀疑态度的高管会说，组织的存在只是为了给所有者或股东赚钱。这从来不是目标，而是成功的重要指标。通过这些指标，一个组织能够知道是否有效地实现了目标，不过却无法指导组织了解什么是真正重要的。

如果组织所有者认为组织的根本目标就是让自己赚钱的话，领导者最好明确地阐明这一目标，否则总是倾向于理想化目标的员工就会感到困惑、怀疑并有遭到背叛的感觉。

找到组织存在的原因

当领导者开始准备明确组织的目标时，他们必须记住一些关键因素，从而提高成功的概率。

首先，他们必须清楚，回答了这些问题并不是打造组织清晰度这个流程的终点。他们之后将有机会以一种不这样理想化、更加实际的方式明确组织的战术性目标。这就能够使他们有信心在解答当下的问题时可以完全理想化，从而避免由于内疚心理而包含太多（实操的、战术性的）理念。

其次，一个组织的存在原因，也就是它的目标，必须是真实的，必须建立在组织创建者或经营者的真实动机之上，而不是纸上谈兵。如果一个组织存在了很长时间，比如有几十年的历史，却从来没有真正明确其存在的根本原因的话，明确目标就有难度了。在这种情况下，领导者需要回顾公司的历史，弄清其创建者最初成立组织的原因，或者至少将他们现在的动机与组织的历史联系起来。如果这种做法不可行的话，这些领导者在明确目标的过程中就要当作自己让公司获得了重生，他们必须做好坚守自己的答案的准备，只要组织存在。

再次，不要将确定组织目标的程序与营销相混淆，无论是外部的还是内部的。组织目标必须清晰和一致。当然，最后要把答案传达给整个组织，甚至在适当的时候把它融入外部沟通中去。不过，真正的危险也是最常见的危险是，领导者误以为明确目标就是想出一些适合放在广告牌、年度报告或员工T恤上的文字。

当领导者将营销与打造组织清晰度混淆时，他们接下来犯的错误往往是对公司的目标进行大张旗鼓的、正式的宣传。这样做只会引起怀疑。我试图提醒他们，即便他们从来不把核心目标写下来或正式传达（不是以我建议的方式做），如果它只存在于领导团队的心中和头脑中，它仍然能够指导决策和行动，保证组织的稳定。最终员工和客户也会领会它，即使没有广告牌和T恤。

那么一个组织如何明确其存在的原因呢？首先要思考这个问题："我们对世界做出了怎样的贡献？"再次强调，觉得这听起来软弱无力或虚无缥缈的怀疑者需要记住这不是打造组织清晰度的终点，我们要为更具战术性的决策创建一个框架。在通常情况下，领导者想出的第一个答案是不够理想的，比如，我们帮助组织做更多的生意；我们铺设车道，为人们的出行提供便利；我们辅导孩子做作业。

这只是一个起点，正如吉姆·柯林斯和杰里·波拉斯所说的那样，我们需要问自己的下一个问题（需要不断地问自己，直到引出最高的目标或存在的原因）是，我们为什么做这件事？我们为什么帮助组织做更多的生意？我们为什么铺设车道？我们为什么辅导孩子做作业？

最后，通过不断地回答这个问题，领导团队将最终明确组织存在的最理想化的原因。此时他们得出的结论应该接近于让世界更美好。这个步骤就完成了。

"我们为什么存在"的类别

我们需要特别注意的一个问题是，目标有很多不同的类型，任何一个都是有效的。明确你的组织的目标属于哪个类型，对组织存在原因的讨论是有帮助的，因为这有利于明确组织最终是为谁服务的。

客户：这一目标是与满足客户或主要相关者的需求直接相关的。比如，一家酒店的存在可能只是因为其创建者总是以服务客户为己任，换句话说，是为了满足走进酒店大门的人的需求。这告诉了领导者什么？如果客户有需求，酒店就应该尽力满足，因为这正是它的目标。酒店不应该雇用不愿意服务客户的员工。

诺德斯特龙（Nordstrom）就是一个很好的例子。他们所做的一切事情都是为了服务客户，仅此而已。最重要的不是时尚，尽管这也是他们必须擅长的；重要的是给人们想要的，不管是什么。

行业：这一目标是对喜欢某个特定行业的人而言的。回到前面酒店的例子，也许它的存在是因为其所有者喜欢酒店行业。他不会试图进入其他的业务领域，也不会雇用不喜欢酒店行业的人。

很多小企业和创业企业属于这一类：创业者热爱自己的行业。这就是其最初创业的原因：做自己喜欢的事。

这使我想起了我们的一位顾问在得克萨斯接触过的一家驯马公司。该公司的创建者兼首席执行官在澳大利亚的一个牧场长大，喜欢与马相关的一切。所以他宣称的目标是"激发骑手的梦想"。他的组织所做的一切都是出于对马和爱马人的爱。

远大的目标：这一目标并不一定是关于组织如何开展业务的，而是与之相关的东西。比如，一家酒店的存在可能是因为其所有者痴迷于度假，或者其存在就是为了让人们体验奢华，或者为了一些特别的庆祝活动。重要的不是酒店本身，也不只是让客户满意。酒店的存在是因为它能够使某个梦想成为现实。从理论上讲，员工应该接受（即便不分享的话）组织的所有者或领导者对度假、奢侈、庆祝和其他一些东西的热爱。

美国西南航空公司的存在就是为了使航空旅行大众化。它认为乘飞机旅行不应该是富人的专利，所有人都应该能够乘飞机参加家庭聚会、度假或与另一个城市的客户做生意。这就是西南航空公司成立的原因。它为顾客提供服务吗？当

然。他们喜欢航空吗？是的。不过，这些不是西南航空公司
存在的根本原因。它的领导者有着与这一服务相关的更大目
标，这一目标指导他们的每项决定，比如，他们坚持低价原
则。违背这一原则就是违背他们的目标，因为如果大量的客
户因为价格问题坐不起飞机的话，航空旅行的大众化就无法
实现。

特定地区：这一目标是关于为某个特定地区做贡献的。
比如，酒店的存在也许只是为了给一个城市或某地区提供更
好的旅游、活动或商务场所。酒店会尽一切努力为特定地区
做贡献，同样热爱这一特定地区的员工也能够在酒店经营中
获得成功。

我公司附近的一个青年足球俱乐部的领导者告诉我，他
的根本目标不是足球本身（当然，他也很喜欢足球），而是
服务当地的城镇居民。他是在这个城镇长大的，后来他又回
到那里经营俱乐部，尽管其他城镇有一些更富有、设施更为
完善的俱乐部。他对这一城镇的爱是他坚持吸引当地人才，
并与当地社团合作的原因。的确，与其他俱乐部一样，他也
想赢。不过，与一个公司想赚钱一样：这只是一个成功指
标，不是其存在的根本原因。

员工：这一目标不是关于服务客户、行业或社区的，而是关于员工的。酒店的存在也许就是为了给员工提供更好的工作经历，或者为该地区的低收入人群提供一个工作场所。它不会做出有损员工幸福的决定，而且不会雇用对员工不好的人。

我接触过的一家铺路公司在明确其根本目标时遇到了困难。在想出了一些与保障车道安全，以及为人们停车提供便利相关的平淡无奇的目标之后，其首席执行官/创建者顿悟了。他向管理团队宣布他创建这一公司的初衷与铺路无关，而是为了帮助贫穷的第一代美国人找到好工作，这样他们就可以买房子并供孩子上大学。为了让大家明白，他解释说如果铺路市场不行了，他还会进入屋顶修葺、喷漆或其他任何行业，只要他的员工能够继续工作，他们的家庭能够维持下去。

财富：这一目标是关于为所有者创造财富的。酒店的存在也许只是因为其所有者觉得这是为自己和共同所有人赚钱的一种好方式。这一目标将会而且应该指导他们的决定，他们会透过财务数据洞察公司的一切。

尽管我们见过的很多风险投资商和律师事务所可能属于这一类，却没有遇到多少这样的公司（他们也许不会向我们寻求帮助）。他们不会做有可能降低其短期获利能力或财务回报的任何事情，在他们看来，客户和员工只是他们赚钱的工具。如果这是一家公司存在的真正原因，领导者应该将其明确告之为其工作的人。否则，他们就会浪费大量的时间开展无意义的活动，进行只会引起员工困惑和怀疑的徒劳无功的对话。

并非差异化因素

通过酒店的例子，我们能够看出同一个行业中的两家公司往往有着不同的存在原因。这是可以理解的。不过有趣的是，我们发现属于不同行业的两家公司也可能有着同样的目标。比如，一家医院和一个按摩师的存在可能都是为了减轻人们的病痛；一个园艺师和一个艺术家的存在可能都是为了帮助人们欣赏美。

这里要说的是，一个组织存在的原因并不是区分彼此的因素，明确存在原因只是为了寻找真实的意图，从而为经营提供指导。当领导者试图将目标作为战略差异化因素时，他们往往会发现另一个组织（也许属于同一个行业）也有着同样的目标。他们需要记住，找到存在原因只是关于建立明确性的第一步。

明确一个组织的存在原因的过程往往困难重重。因为它更多的是一门艺术，而不是科学，它需要一定的时间，并需要开展大量灵活的、非结构性的讨论。我们的目标不是在尽可能短的时间内得到答案，而是发现组织存在的真正原因。当然，领导者需要清楚这只是组织明确性的六个关键问题中的第一个。

问题2：我们该如何行事？

不宽容这个词往往被用作贬义。不过谈到打造组织清晰度和一致性，不宽容是必要的。毕竟，如果一个组织对一切都宽容的话，它就什么都不能代表。

> 如果一个组织对一切都宽容的话，它就什么都不能代表。

我们该如何行事这一问题的答案体现在一个组织的核心价值观中，它应该为各个层次的员工行为提供最终的指导。这也是吉姆·柯林斯和杰里·波拉斯在《基业长青》中谈到的问题。在他们的研究中，他们发现成功的组织严格坚持一些根本的原则，这些原则指导他们的行为和决定，是组织的根本。

价值观对于打造组织清晰度、保持组织健康的重要性再强调也不为过。价值观之所以最关键，是因为它们定义了一个组织的根本，明确了员工该采用何种行为方式，从而减少无效率和削弱士气的微观管理。

这一点足以证明价值观的重要。除此之外，有明确价值观并坚守价值观的组织自然能吸引到合适的员工，排斥不合适的员工。这就为招聘提供了极大的便利，也能够大大降低员工流失率。

价值观影响的不只是员工。明确的价值观还能够帮助组织吸引到与其价值观一致的客户，不只是出于因果关系的、纯粹的理论分析而来的客户。比如，重视创造性的人往往选择以创造性作为文化基础的组织。这种营销方式要比成本高昂却容易被忽视的广告、公关等方式更有效。严肃对待价值观的组织会发现合适的客户最终会开始寻找他们。

价值观热潮

吉姆·柯林斯和杰里·波拉斯在书中对价值观的阐述引发了价值观热潮，大批高管深受鼓舞，决心找到自己组织的核心价值观。遗憾的是，很多高管没有领会作者的意思，只是把一长串平淡无奇的词语放到海报、T恤和网站上。这往往导致组织中到处都是感到困惑、沮丧和持有怀疑态度的员工（有时客户也是如此）。

这些领导者所犯的错误是试图满足所有人的所有要求，导致他们试图创建无所不包的价值观。在很多情况下，出现这种情况是因为领导者开展调查，向员工征集价值观，然后试图把收到的所有信息都综合起来。要明确指出的是，这是明确核心价值观的糟糕程序，你将在这部分的后面看到原因。

当一个组织宣布它有包含客服、创新、质量、诚实、正直、环境责任、工作和生活平衡、财务责任和尊重个人的9个核心价值观时，它就不可能使用这些价值观做决定、招聘员工或制定政策。因为没有哪项行动、哪个人或哪个政策能够符合所有这些标准。

这就引发了一系列的问题。当采用太多价值观的领导者发现不可能将这么多的价值观付诸实践时，他们最后的选择往往是完全忽视价值观。在他们的内心深处，往往把价值观陈述看作一种内部营销，甚至是传道。他们听任自己以一种实用主义、无价值的方式管理组织，导致员工和客户搞不清这个组织到底代表什么。当员工抱怨组织的价值观被违背时，领导者只是耸耸肩，继续关注更为实际的东西。

不同类型的价值观

明确合适的、精练的行为价值观的关键在于，认识到存在不同类型的价值观（几年前我在《哈佛商业评论》中写过相关的内容）。在这些价值观中，核心价值观是最重要的，不能与其他价值观混淆。现在让我们给价值观分类，从而避免把它们搞混。

核心价值观

核心价值观是一个组织固有的少数（只有两三个）行为特征。核心价值观处于组织的核心位置，不随时间改变，而且必须是已经存在的。换句话说，核心价值观不是人为设计的。

当一个组织允许自己因为没有遵守这些价值观而受惩罚时，当组织接受员工在实践这些价值观时可能做过头这一事实时，它就知道自己找到了真正的核心价值观。核心价值观不是一件简单方便的事。正如一个人的良知不能从他身上提取一样，核心价值观也不能从一个组织中提取。因此，它们应该用于指导组织的各个方面，从招聘到解雇，到战略和绩效管理。

不用迎合所有人

我们曾经与一家对企业文化非常狂热的航空公司打过交道。它有三个核心价值观，其中的一个是关于幽默的。

证明它是真正的核心价值观的事实是，这家公司的任何岗位都不会雇用对工作和生活没有幽默感的人。如果员工的幽默得不到顾客的认可，公司的领导者还会鼓励和维护员工的幽默行为。

有这样一件事，一位乘客给公司的首席执行官写了一封投诉信，说在起飞前的安全检查中一位服务员开玩笑。她说当她谈论安全这样严肃、重要的问题时，这名员工却在开玩笑。

面对这样的投诉，大部分首席执行官会感谢这位顾客对航空公司的支持和信任，并向她保证公司其实是非常重视安全问题的。他们会承诺调查这件事情，并责令该服务员改正自身的行为，避免再冒犯不喜欢开玩笑的其他乘客。我想这是足够合理的做法，除非你的核心价值观与幽默有关。

这家公司的首席执行官采用了另一种做法。他没有向顾客道歉，也没有要求这位服务员调整自身的行为，他给顾客的回复是："我们会想你的。"毫无疑问，这家公司的核心价值观是幽默。

（不过请放心，这家公司与所有优秀的航空公司一样，对安全问题是非常重视的。）

理想价值观

理想价值观是一个组织想拥有，希望自己已经拥有，并且认为自己将来必须拥有的特征，从而在当今的市场环境中取得成功。理想价值观是一个组织渴望拥有的特征，并且会尽最大努力把它融入组织中。不过，它们不是自然的，也不是固有的，所以必须被有目的地融入企业文化中。不要将理想价值观与核心价值观混淆，再次强调，核心价值观不会随时间改变，也不是招之即来、挥之即去的。

不切实际的愿望

我曾经帮助一家公司的首席执行官明确公司的核心价值观。当我问他已经想到了哪个价值观时，他不假思索地说"紧迫感"。我有点儿意外，因为我在这家公司与员工的有限接触并不符合这一描述。当我问他紧迫感在公司是否明显时，他回答说："不是的，我们很自满。这就是紧迫感需要成为核心价值观的原因。"

我们给这个客户的建议是将"紧迫感"作为理想价值观，并尽一切可能把它融入组织中。不过，他们不能称其为核心价值观，因为这只会引发员工的怀疑。

将核心价值观和理想价值观混为一谈是企业经常犯的错误。领导者需要认识到它们的不同。

理想

我知道的一家小咨询公司是在谦逊和热情这两个价值观的基础上建立的。每名潜在的新员工都要通过这两个价值观的筛选，公司做出的每项决定也都要接受这两个价值观的审查。

当这家公司的市场需求开始增加时，公司意识到原来非正式的、混乱的服务方式是不可取的，需要做出改变。从根本上讲，公司需要引入更多的专业性和系统性。

意识到这不是其热情、创业文化中固有的，公司的创建者决定将"专业性"作为公司的一个理想价值观。这意味着他们会有意雇用更加成熟和有咨询实践经验的人。当然，这个人也要符合公司的核心价值观，因为正如总裁所说的那样，"雇用不谦逊和不热情的人就等于出卖我们的灵魂"。

这家公司新雇用了一名副总裁，这个人符合公司核心价值观，并把新的专业知识带入了公司。不过，他们也提醒自己，专业性的实现不是自然而然的事情，需要为此做出不懈的努力，公司才能不断成长。

基本价值观

基本价值观是一个组织要求的最基本的行为准则。虽然基本价值观极其重要，却不是一个组织与其他组织的明显差别。通常，属于这类的价值观包括诚实、正直和尊重他人。如果你访问过的每家平庸的组织的墙上都挂着这样的价值观陈述，你就知道问题所在了。基本价值观必须与核心价值观区分开来，从而避免将核心价值观的作用稀释和泛化。

诚信

与我们合作过的一家初创的科技公司的高管团队坚持将诚信作为公司的核心价值观（我们的很多客户都这样做）。

他们给出的理由是他们从来不会雇用在面试中撒谎或在简历中提供虚假信息的人。我们解释说大部分组织都有类似的政策，除非他们愿意采用比大部分公司更高的诚信标准，并在面临严峻的市场压力时遵守这些标准，否则，他们就应该将诚信作为基本价值观。

他们最初拒绝了，理由是"如果不将诚信作为我们的核心价值观，人们就会认为我们不重视它"。

在随后的会议中，高管们讨论了以一种在某些人看来明显不道德的方式收集竞争情报的可能性。我们提到了他们坚持将诚信作为核心价值观这件事。他们最终做出让步，将其归入了基本价值观。

意外价值观

意外价值观是一个组织的明显特征，不过它们是无意中出现的，而且不一定对组织有利。在很多组织中，行为倾向是自然形成的，或者因为人们开始雇用来自类似背景的员工。某一天大家向周围望去，忽然发现组织中的每名员工都有着同样的特征：中产阶级、内向或有好看的外表。问题是中产阶级、内向或有好看的外表是组织有意培养的，还是偶然出现的。领导者要防止意外价值观扎根，因为它们会妨碍新的想法和人在组织中的发展。有时候它们甚至会排斥新观点、潜在客户，破坏组织的成功。

意外结果

我们曾经与一家时尚配饰公司打过交道，当时刚刚成立的该公司采用了三个核心价值观，公司经营都是以这些价值观为基础的。

几年后，我们参观了该公司的总部，我们已经有很长时间没见面了。公司有了很大的发展，并且雇用了几十名新员工。不过，这些新员工让我有些意外：他们似乎都是20岁出头，都穿着相同类型的时髦的黑色衣服。

我问首席执行官："你们什么时候采用了新的核心价值观？"

他似乎很不解，于是我指出他们公司新雇用的员工似乎有着同样的特征和风格。这时他才意识到他们无意中采用了某种年轻、时尚的价值观，这种价值观与他们的客户群没有任何联系，甚至可能影响公司对潜在客户的吸引力。于是他们采取措施调整了公司的招聘方法和决策方式。

区分核心价值观

将核心价值观与其他价值观相区分的关键（特别是理想价值观和基本价值观）是提出一些难以回答的问题。比如，要想将核心价值观与理想价值观区分开来，可以提出以下问题：这一特征对我们来讲是内在、自然的吗？它是否在组织中明显地存在了很长时间？或者，它是我们必须努力培养的吗？核心价值观已经明显地存在了很长时间，并且几乎不需要有意地培养。

基本价值观也常常与核心价值观混淆。区分它们的最好方法是问"组织能否自信地宣称我们要比行业中99%的组织更致力于这个价值观"，如果是这样的话，也许这个价值观真的是核心价值观。如果不是的话，那么它很可能是基本价值观。它仍然很重要，而且应该作为招聘中的一个筛选条件，不过它不是组织的独特之处和区分点。

值得强调的是，组织了解各种各样的价值观的目的是防止人们将价值观弄混，或者淡化核心价值观。核心价值观是最重要的。

为价值观命名

成功确定核心价值观的另一个关键是，在明确了核心价值观之后给它选择一个名称。关键是避免过度咬文嚼字，同时还要找到最具描述性、有效的短语。我觉得对领导者来讲比较好的做法是选择一个独特的、非传统的词语——不是用滥了的、每个人都知道的词语。当然，一旦选中某个名称或词语，领导团队就要用最生动的行为描述来定义这个词。最好的做法是写一则描述，说明这一价值观在行动中是什么样的。

"扫地"的人

与我打过交道的一家初创公司将它的一个核心价值观描

述为"愿意扫地"。大多数公司会把它简单地描述为"努力工作"，组织外面的人很少知道这是什么意思。不过这也是件好事，因为公司以自己的方式定义了这个短语。

就他们的情况而言，领导者将"愿意扫地"描述为不在乎地位和自尊心，愿意竭尽所能地帮助公司取得成功。对于任何一名员工来讲，没有什么工作是有失身份的，甚至最高级别的高管都必须心甘情愿地做最卑微的工作，如果公司需要的话。

这个价值观如此强大，以至于在领导团队确立它之后的第二天，其中的一名高管成员就决定辞职，因为他不想让自己看起来像一个"扫地的"。他没有感到痛苦，他承认自己的自尊心很强，他的职业生涯中的很大一部分就是丰富自己的简历。他不想因为自己的格格不入而影响整个团队。

首席执行官欣然接受了他的辞职，没有任何怨气，让他感到欣慰的是，这也帮助公司提前解决了文化差异问题，避免了将来可能发展成更大的问题。几年后，选择离开的那位高管也向我们的咨询公司寻求帮助，因为他开了自己的公司。他非常欣赏我们帮助那家初创公司建立的明确性，希望在他的新公司里建立起同样明确、强有力的文化。

组织选择常用词（如创新和质量）作为价值观的原因是每个人对这些短语都有自己的理解，这就增加了领导者创建自己的定义的难度。当然，如果一个组织采用的价值观不是真实的，这些问题就没有关系了。如果领导者精心打造了独特的价值观却不遵守的话，只会招致更多的怀疑和不信任，还不如什么都不说。

一旦一个组织成功地定义和描述了它的核心价值观，并将它们与其他类型的价值观区分开来，就必须尽最大努力抵制违反这些价值观的行为。它必须确保所开展的每项活动、雇用的每名员工、制定的每项政策，都反映这些核心价值观。事实上，很少有组织采取这一步，而是眼睁睁地看着价值观被践踏，到最后成为单纯的理想，而不是公司运营和文化的真正组成部分。所以，对那些认真对待价值观的人来讲，重要的是认识到拥有太多价值观会削弱核心价值观的力量，甚至将其完全废弃。在后面的内容中，当讨论强化组织清晰度时，我会谈到健康的组织可以采用哪些不同的方式将价值观融入以人为中心的制度和流程中。

明确核心价值观

明确组织核心价值观的好方法是，管理团队采用一个三步程序。第一步，找出能够体现组织最好方面的员工，然后对他们进行深入的分析，看一下他们的哪些特质使其如此受领导团队的推崇。这些特质形成了潜在的核心价值观的初始来源。

第二步，领导者必须找出尽管有才华却不再适合该组织的员工。这些人指的是，尽管有技术能力却让周围的人难以忍受的人，他们的缺席反而对组织更有利。一旦这些人被找出（可悲的是，这通常要比第一步更容易），就要以同样的方式对他们进行深入的分析。他们的哪些特质导致他们成为干扰因素和问题？这些烦人特质的对立面是核心价值观的另一个来源。

第三步，领导者需要对自己进行客观的分析，看看自己是否体现了这些价值观。

镜子

一个快速增长的高科技初创企业的领导团队让我帮他们确定核心价值观。在对企业中的一些特别优秀的员工和让人头疼的员工做了深入的分析之后，剩下的价值观似乎成为核心价值观的自然备选项。

其中的一个价值观是友善。尽管听起来很简单，高管们确信它就是最优秀的员工共同拥有的、让人头疼的员工所缺乏的特质。他们决定想出一种描述友善的更好方式，这样它将更有意义，但从根本上讲，他们的想法就局限在这里了。

这时我不得不让他们采取第三步，确保他们提议的核心价值观，包括友善在内，也适用于他们。我向他们提出了这个问题："你们觉得这个领导团队体现友善了吗？"这些高管们稍稍犹豫了一下，看着彼此。我没有想太多，继续说道："与我遇到过的其他团队相比，你们也没有表现得特别友善。"

短暂的停顿过后，高管们笑了，承认他们不是特别友善的人。他们很快将它从核心价值观列表中剔除了。如果将它作为核心价值观，员工无疑会指责领导者虚伪。想象那些高管们站起来鼓吹公司所固有的友善，并把公司的一切，从绩效考核到招聘信息，都建立在他们自身都没有表现出来的品质上。

与此同时，高管们一致认为他们需要努力让自己变得更加平易近人和友好，因为这是组织中的很多人所重视的品质。它将成为理想价值观，但肯定不是核心价值观。

这个三步程序显然不是一种科学，但仍然是帮助领导者确认组织核心价值观的一种可靠方式。核心价值观的确定很少是一次完成的，这是有原因的。它通常需要领导者进行长时间的讨论和审查，而且领导者必须确信他们建立了稳固的文化基础。

我们已经回答了前两个问题：我们为什么存在？我们该如何表现？现在领导团队可以"下山"了（打个比方），并开始回答接下来的4个更具体、更现实的问题。

问题3：我们该做什么？

这个问题是六个关键问题中最简单的一个，解决它需要的时间和精力也是最少的。在探讨一个组织为什么存在这个问题时，我们是从理想化的角度回答的，而现在要回答的无非是一个组织的具体业务问题。这里不需要华丽的形容词或副词，也没有什么虚无缥缈或抽象的语句，只是平淡的一句话定义——你的祖母都能理解的东西（不是在冒犯祖母）。这个问题的答案被我们称为组织的业务定义。（但肯定不是使命陈述！）

如果说一个组织的存在原因回答的问题是"为什么"，那么它的业务定义回答的问题就是"是什么"。它应该是明确、直截了当的，不应该是精心打造的、可以用作营销素材的东西。我们这样做的目的只是要确保领导团队完全清楚并能准确描述组织的业务性质，从而避免在组织或市场中引起误解——就这么简单。

想出一个好的业务定义不是非常困难，通常需要的时间不超过10~20分钟。与核心目标不一样的是，大多数领导者对他们领导的组织的基本活动是比较熟悉的。不过，我总是意外地发现，当我让一个领导团队的成员各自用一两句话描述组织的业务时，他们意见上的分歧比我想象的，更重要的是，比他们想象的要多。花几分钟时间确保所有人的意见都是一致的。

这里有几个例子，源自与我打过交道的一些组织。例子本身不是特别有趣，它们只是具体、详细地描述了一个组织做什么及为什么做：

◎ 电力公司——"我们为整个国家的人生产并输送电力和天然气产品及服务。"

◎ 信用卡公司——"我们为消费者提供支付产品和信贷。"

◎ 技术硬件公司——"我们为消费者、原始设备制造商和企业开发、制造和销售硬盘驱动器、固态硬盘和存储子系统。"

◎ 生物制药公司——"我们通过综合科学，发现、开发、制造和销售更好的药物。"

◎ 天主教教堂——"我们为我们教区的人提供圣礼、外展服务、咨询和宗教教育。"

没有副词或限定词，没有对销售渠道或定价的详细描述。

需要指出的是，组织的业务定义会随着时间而改变，但只有当市场发生变化，要求组织的基本活动做出有意义的转变时，才会出现这种改变。在我的咨询公司的15年发展历程中，我们的业务定义总共改变过3次。记住，我们的核心价值观和存在原因是永远不会改变的。

关于第三个问题，这里就说这么多了。下一个问题要更有趣一些，也更重要。

问题4：我们如何实现成功？

当团队领导者回答这个问题时，实际上他们是在确定自己的战略。遗憾的是，在所有的业务词汇中，战略是用得最广泛也是最难定义的一个。高管、顾问和学者广泛使用战略这个词，以至于每次引用时它几乎成为没有明确定义的无意义之词。

在我的咨询公司创立后不久，一位客户要求我帮助他的团队确定战略，我愣住了。我心想，战略究竟是什么？这很麻烦，因为我在一个战略管理咨询公司工作过两年。我想知道，当公司教我们战略的定义时，我是不是睡着了？

于是我做了一些研究，反复地阅读几本关于战略的书，它们大多是令人困惑的。迈克尔·波特的《竞争策略》（*Competitive Strategy*）是对我们最有帮助的书，利用它和我们在工作中积累的一些想法，我们提出了自己的定义，以及确认战略的程序。我们松了一口气，并有些惊讶地发现客户觉得这很有帮助，对这个词感到困惑的不只是我们。

　　组织的战略，即能够让组织获得成功并在竞争中脱颖而出的莫过于一个组织做出的有意识的决策的集合。

战略锚

　　确定一个组织的战略实际上就是确定它的成功计划。能够让组织获得成功并在竞争中脱颖而出的莫过于一个组织做出的有意识的决策的集合。这意味着每项决策，如果是组织主动做出的并且大家的意见一致，它就是整体战略的一部分。

　　但就指导领导者和员工的决策而言，这个定义并不是特别可行或实用。我们认识到组织增强战略的实用性的最好方式是用三个战略锚指导组织做出的每项决策，并通过它们评估所有的决策，以确保一致性。战略锚为所有的决策提供了背景环境，帮助组织避免做出纯粹实用主义、投机取巧、对组织的成功计划不利的决策。

战略品牌

与我们打过交道的一家农产品公司在它的三个战略锚中，有一个是关于维护"高价和高质量品牌"的。因此，公司领导者使用公司的名称积极推销产品，并在商店里推销和展示他们的高质量的产品，证明高价是合理的。

但有时公司生产出来的产品的外观和口感达不到标准。公司领导者没有将它们与高质量的产品放在一起糊弄消费者，而是决定通过其他渠道出售质量稍差一点的产品，并使用不同的品牌，当然，价格也不同。在个别情况下，如果他们生产出来的某个系列的产品都达不到标准，公司领导者会拒绝向商店提供产品。公司领导者宁可放弃短期收入，也不会破坏在他们看来对公司的长期成功非常关键的品牌。

记住，使用不同的战略锚（没有高端品牌这一项）的其他公司在处理这种情况时可能采用不同的方式。只要是有意识的决策，并符合成功哲学就可以。

确定战略锚

领导者寻找战略锚的最好方式是采用一种逆向工程方法，将它们从组织中的一切真实存在中提取出来。他们首先要创建一个详尽的清单，列出造就组织现状的所有决策和现实，包括存在原因、核心价值观和业务定义之外的一切。

要想了解这种方式，先来对一家虚构的地区性的小型体育用品连锁店做一个深入剖析。

假设这家公司已经回答了"我们为什么存在""我们该如何表现""我们做什么"这些问题。假设公司的存在原因是"让人们享受户外生活"，核心价值观是"热情帮助他人，责任感和自豪的主人翁精神"，业务定义是"为大都会地区的人提供娱乐及体育产品和设备"。

在确定了这些关键要素之后，领导者需要回答的下一个问题，也是战略锚活动中的核心问题是"我们如何成功"。换句话说，我们如何以一种有目的和独特的方式做决策，才能实现最大的成功并在竞争中脱颖而出？

为了创建详尽列表，领导者将考虑与其业务相关的一切。我的意思是一切——定价、招聘、选址、营销、广告、品牌、销售、采购、合伙、产品选择、店内体验、服务提供、促销、装饰等。这个列表肯定还遗漏了一些东西。

他们的列表是这样的：

◎ 海量的产品

◎ 有竞争力的低价格

◎ 非传统运动系列

◎ 商品的季节性特点

◎ 店里的非正式、自制的引导标识

◎ 简约的展示，没有精致的推销

◎ 免费的心脏复苏术和其他医学课程

◎ 为童子军和当地的运动队提供免费的会议场所

◎ 与宠物相关的产品

◎ 仓库般的布局

◎ 便于驶入和停车

◎ 员工培训和发展机会

◎ 根据态度和文化招聘

◎ 临时工

◎ 以成本价出售的滑雪缆车票

◎ 员工折扣

◎ 延长营业时间

◎ 极少的广告

◎ 积极赞助当地体育赛事

◎ 宽松的退货政策

◎ 灵活的招聘政策和时间

◎ 稍高于行业平均水平的工资和福利

◎ 在大都会地区有6家店铺

◎ 店铺间高度协作

◎ 设备出租

这是一个很长、很详尽的列表，而且它应该是这样的。我们很容易看出有一些项目略显多余，而且没有明确或一致的分类标准。换句话说，它包括苹果、橘子、猴子和凯迪拉克轿车，这是可以的。显得有些多余和不一致总比不全好。我们的目的只是把所有东西都摆在桌面上（实际上是活动挂图），这样领导团队成员对凌乱的图片就会有一个整体的感受。值得注意的是，当我们为客户服务时，我们不把这些项目用一个线性列表表示，而是在一张活动挂图上画一个大变形虫状的图形，然后开始在上面填充术语和短语。这样术语之间的关系就表现得更加明显，这对下一步非常重要。

下一步有点混乱、困难、不太科学，不过很有趣。领导者必须找出能够显示该组织战略方向和锚的模式。换句话说，他们需要确定组合在一起能够形成一个主题或类目的项目或项目集。迈克尔·波特也有一个类似的程序，称为活动系统地图（Activity System Maps）。

就体育用品连锁店而言，这些项目似乎有共同之处：在大型的廉租建筑中开店，把推销和引导标识的支出降到最低，把广告和传统营销降到最少，制定相对较低的价格。领导团队可能将这一潜在的锚标注为"通过最大限度地节约成本保持低价"或"尽可能地降低固定成本"。无论怎么称呼，它主要是关于低价格和低成本的。

同样，他们肯定会看到免费的心脏复苏术和其他医学课程、为童子军和当地的运动队提供免费的会议场所、便于驶入和停车、积极赞助当地体育赛事这些项目之间的联系，并将其称为"培养当地居民的忠诚度并使其成为一个社区集会地"。

最后，稍高于行业平均水平的工资和福利、员工培训和发展机会、根据态度和文化招聘、员工折扣，甚至宽松的退货政策都是为了"给员工创造一个积极、灵活的环境"，这可能是另一个锚（参见"战略变形虫"）。

战略变形虫

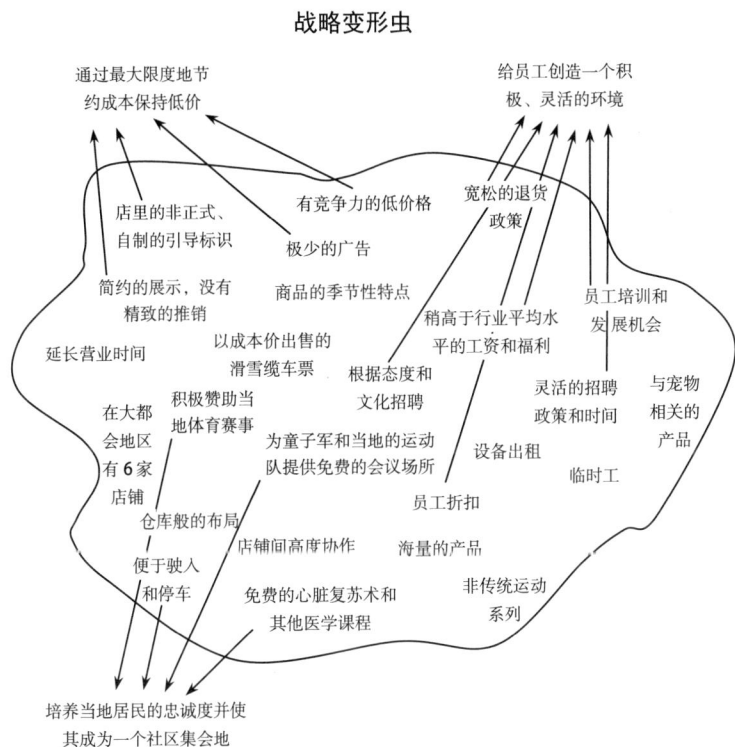

记住，这是一个有点混乱的程序。它要求领导团队成员同时具有判断力、反思能力和直觉。尽管如此，它仍然不失为一个可靠的程序，通过它得到的结果能够引起团队成员的共鸣，并激发团队成员对有意识的、战略性的决策方式的信心。

　　每个组织确认战略锚的过程都是不同的，尽管同样混乱。

战略食品

　　我正与一家大型食品公司的糖果部门打交道。我们开始了战略讨论，首先我们把关于他们的业务的全部事实放在一个详尽的列表中：集成的直接到店运输模式、强大的品牌、以顾客为中心、创新、产品质量（口味）、作为一家大公司的一部分、有运营优势、与自有品牌竞争、母公司的一部分、顶级品牌、快乐的工作场所、低利润率、总部在纽约、7个美国工厂、高质量、专注美国市场、复杂的运营、优质的产品、店内营销、多个品牌、消费者驱动、积极利用技术。

　　接下来，高管们看着活动挂图上所有的项目，寻找潜在的锚。为了帮助他们，我们问："其中的哪些项目是最根本的，应该作为过滤器来指导其他所有的决策？"答案没有立刻显现出来，不过像往常一样，5～10分钟后，答案开始出现，大家也认识到一些选项显然是不能作为战略锚的（例如，总部在纽约）。

当大家开始讨论可能的答案时，他们想出了新的、更好的方法来描述原来放在列表中的项目，这很好。我们提醒他们这是一个混乱的、非线性的过程，而且它本该如此。

当有人推荐可能的锚时，我们就会问大家它是最根本的，还是只是列表上的其他更根本的项目的一个附属物。最后，团队想出了下面的战略锚：产品优势、店内营销、可预测的财务状况。

这个团队说他们的成功依赖于：① 在产品的口味和质量上胜过竞争对手；② 精于店内推销和布局；③ 持续地向母公司提供稳健的财务结果。他们做出的每项决策都需要接受这些锚的评估和指导。

比如，如果一家公司成为潜在的收购对象，团队就需要用这三个标准评估这一决策：① 收购对象能够生产出比竞争对手更优质的产品吗？② 能够符合我们以高标准的方式在店里推销这些产品吗？③ 我们能否在不远的将来看到利润？如果这些问题的答案是肯定的，收购可能就是符合战略的；如果答案是否定的，继续推进收购可能就不符合战略，不管它看起来有多么诱人。

现在，每个组织都会发现自己在少数情况下不得不做出不符合战略锚的短期战术决策。在这种情况下，领导者必须大方地承认这一决策偏离战略的事实，而且只是非常少有的例外。

与永远不变的公司存在原因和核心价值观，以及很少改变的业务定义不同的是，组织的战略锚应该随着竞争格局和市场环境的变化而改变。改变的频率取决于组织所在的市场或行业的性质（参见下面的"战略耐久性"）。

战略耐久性：你的组织需要多久改变一次战略锚？

这在很大程度上取决于两个行业特征：给定市场的准入门槛和创新速度。

如果准入门槛很高、创新速度比较慢的话，战略锚的耐久性就很强，不需要做出太多的变化。航空公司就属于这一类。

如果准入门槛低、创新速度快的话，就需要对战略锚进行更加频繁的检查和调整。在线应用软件公司属于这一类。

如果准入门槛高、创新速度也快的话（制药公司属于这一类），战略的耐久性将介于两者之间。当准入门槛低和创新速度也慢时，同样的原理也是适用的，很多较小的服务公司属于这种情况，包括法律、咨询和广告公司。

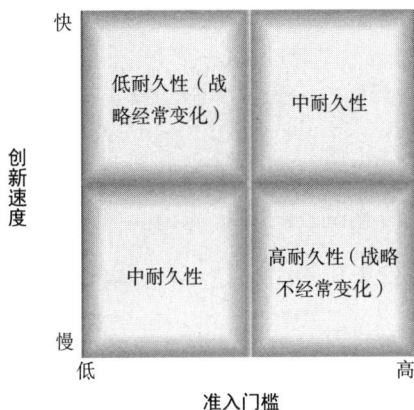

在某些情况下，组织的某个战略锚还没有出现在清单上是因为它不是组织目前行为的一部分，因此需要补充。组织要意识到，确认战略锚的过程不应该完全是被动反应的或基于历史的。有时候正是确认战略锚的过程让组织认识到目前的行为是不正确的，或者无法确保组织的成功和脱颖而出，因此需要做出改变。

确认战略锚的另一个成果是使组织更容易在不应该做的事情上达成共识。

战略学校

我们曾与一个经营特许学校的组织打过交道。和很多有使命感的组织一样，学校领导者想满足所有人的所有要求。当然，由于有限的资源和高风险，缺乏战略的代价是巨大的。

组织首先创建了一个详尽的清单，列出了组织中的所有情况：专注于幼儿园到五年级，在所有学校采用规范的核心流程，总部在得克萨斯州，员工的工资略低于公立学校的平均水平，强调学生安全，不提供校车服务，绩效驱动，数据驱动，没有特殊的教育计划，强调父母的志愿精神和参与，领导者的内部晋升，教学评测，专注于孩子的权益，低成本，最少的品牌宣传和营销，专注于性格的教育，国家控制定价，分布式的领导模式，当地校长自治，员工有强烈的使命感。

在1小时的头脑风暴和激烈辩论之后，他们得到了以下战略锚：运营的标准化、选择性的营销、以绩效和测评为导向。他们得出的结论是，要想使组织获得成功并脱颖而出，就要确保每项决策都反映：① 能利用标准化的流程实现高效和低成本；② 只在服务的微型市场中做有成本效益的、有针对性的营销；③始终专注于学生的成绩和父母的投资回报。

这些锚也让他们明确地认识到不应该做什么，如提供校车服务和特殊教育。尽管公司的领导者刚开始对这些决策不太满意，但他们知道要想在激烈的竞争中取得成功，就意味着不得不做出艰难的战略性权衡。

如果不考虑公司的战略，很多领导团队在遇到表面上看起来很好似乎也很合理的机会时往往会很矛盾，他们不想放弃这样的机会。不过，这些机会会让组织偏离正确的方向，远离既定的目标。战略锚给了领导团队克服这些干扰因素并保持正确方向的明确性和勇气。

> 很多领导团队不想放弃机会，战略锚给了领导团队克服这些干扰因素并保持正确方向的明确性和勇气。

有些人问为什么有三个战略锚，而不是2个、4个或5个。如果在几年前我可能说："好吧，如果你认为有4个或5个战略锚对你的组织更有利，你可以尝试。"不过这些年来的经验告诉我就应该有三个战略锚，客户和咨询师也对这点表示赞同和支持。我想有一些三角测量的概念在这里起作用。也许3就是人们在任何给定的时间可以记住的事情的数量。不管怎样，我确信3是一个组织为了尽可能增强决策的目的性应当建立的过滤器的合适数量。

问题5： 目前最重要的是什么？

与其他所有的问题相比，回答这个问题会对一个组织产生直接、实际的影响，这可能是因为它解决了组织面临的两个最令人发狂的日常挑战：组织的注意缺陷障碍和部门壁垒。

我遇到过的大多数组织都有太多的优先事项，结果导致无法达到实现成功所需要的专注程度。为了面面俱到，他们创建了大量不同的目标，把宝贵时间、精力和资源分散在不同的目标上。这样做的结果总是行动很多却效果不佳，无法实现最重要的目标。这种现象正应验了那句格言："如果一切都重要，就什么都不重要。"

如果一个首席执行官宣布本年度的当务之急是增加收入、改善客户服务、推出更多创新产品、削减开支、提高市场份额（我们都看到过这样的列表），那么可以肯定地说，所有这些目标都不会得到应有的关注。除了分心、分散和稀释，还会导致另一个后果——部门壁垒的出现。

通过向员工传达组织的5~7个优先事项，领导者就把员工置于了朝着不同方向使劲的尴尬境地，有时甚至是截然相反的方向。一心想着成功的他们往往会发现自己与其他部门的同事背道而驰，他们需要自行决定哪些事项是最重要的。因此，当领导者发现组织内的不同部门正在作为独立的单元运作，没有协调和合作时，也不应该感到惊讶。

一件事

当然，说有太多的首要任务本身就是一个矛盾修饰法。毕竟，要想让一件事情成为首要任务，它必须比其他一切事情都重要。即便有多个重要事项，最终必须有一个占据首要位置。这里要说的是，组织要想建立一致性和专注性，在特定时间里的首要任务必须只有一个。

组织要想建立一致性和专注性，在特定时间里的首要任务必须只有一个。

我是无意中认识到这一点的。我听到很多客户抱怨他们的组织中存在部门壁垒，于是我决定着手解决这个问题。我

开始寻找不存在壁垒问题的组织，向他们学习。这是一个艰难的搜索过程。

然后我意识到有一类组织似乎不受壁垒问题的困扰：紧急救援人员，其中包括火灾现场的消防员、急诊室的医生和护士、执行营救任务的士兵，甚至正处于险境的警察。这些团体中似乎不存在壁垒问题。

想想看，你永远不会看到两个消防员站在一座燃烧的大楼前面，争论谁该爬上楼去救一个孩子；当急诊室的病人大出血时，你也不会看到两个护士争论该向哪个成本中心送交纱布的账单；在战斗中，你不会听到一个海军陆战队士兵说，"我不会拿生命冒险，这是海军的事"。

当然，这些组织的共同点是都处于危急关头——会造成重大、直接后果的明确现状。无论习惯于处理危机的紧急救护团队，还是暂时面临危机的传统组织，危机带给组织的是一个战斗口号、一个单一的焦点，它的周围没有任何混乱或分歧。

主题目标（也称战斗口号）

考虑到战斗口号的力量，我很奇怪为什么不是所有的组织都能享受专注所带来的好处（不是创造虚假危机，这从来都不是什么好主意）。我认为每个组织都可以有一个战斗口号，即便不是在危机中。我把这个口号称为"主题目标"，因为它需要和组织的其他目标放到一起理解，它处于列表的顶端。因此，主题目标要回答的问题是：目前最重要的是什么？

我在《打破部门壁垒》一书中对主题目标的概念进行了全面、生动的描述。在提供现实案例之前，首先给出主题目标的明确定义，这样我所讲的一切就有了意义。

主题目标：

◎ 是单一的。有一件事情是最重要的，即便还有其他值得考虑的目标。

◎ 是定性的。在建立主题目标时不应该涉及具体的数字。后面有机会对主题目标进行量化，量化不宜过早是因为这会对目标造成过多的限制，同时也限制了人们为目标共同努力的能力。

◎ 是暂时的。主题目标必须能够在一个明确的时间段内实现，3~12个月为宜。少于三个月会让人感觉像消防演习，超过12个月就会导致拖延和人们对目标持续性的怀疑。（我等几个月再关注它吧，因为它可能会改变，谁知道呢，那时候我可能都不在这里了。）

◎ 应在整个领导团队中共享。当高管们在主题目标上达成一致意见时，他们必须共同努力去实现它，即使从目标的性质来看它属于其中一两个高管的职责范围。

确定主题目标的最好方法是回答问题：如果我们在接下来的几个月只完成一件事，那它会是什么？换句话说，从现在到接下来的几个月，我们必须做成什么事，才能确保我们在回首这段时间时能够不后悔地说，这段时间过得非常有意义？这些问题能够使正在朝着不同方向努力的领导者达到足够的专注度。

当团队确认了主题目标之后，不要急于大肆宣传这一目标。首先，光有主题目标是不够的，还需要进一步的细化，否则它就会被看作空口号。稍后会谈到这个问题。

其次，确定主题目标的主要目的并不一定是把组织中的所有人都召集起来，尽管这看起来很不错。最重要的是让领导团队本身明确如何分配时间、精力和资源。的确，在大多数情况下，领导者最终可以将这一目标的基本精神传达给员工，或者他们当中的一部分人。在极少数情况下，当主题目标涉及机密的事情，如潜在的合并或裁员时，这样做就不太合适了。是否传达取决于目标的性质，以及它是否需要整个组织中所有人的协调配合。不过，即便领导团队从来不把主题目标传达给任何人，只用它指导领导团队自身的行动，它也发挥了应有的作用。

没有头衔的领导者

不管主题目标在更大的组织中是如何传达的，值得强调的是，每个主题目标都必须成为领导团队的共同责任，即便这个目标表面看起来并不直接涉及其中一些高管领导的部门。为了理解这一点，你可以想象管理团队的成员在参加每次会议时都没有带其部门头衔。或者就像我喜欢说的那样，他们需要摘下部门的帽子，戴上公司通用的帽子。"建立一个富有凝聚力的领导团队"部分讲述"第一团队"问题时就探讨过这一基本理念，不过在这里还是有必要再重复一下。

在一个富有凝聚力的团队中，参加会议的领导者并不仅仅代表他们所领导和管理的部门，而是去解决阻碍整个组织取得成功的问题。这意味着他们愿意为整个团队的利益奉献自己部门的资源，他们会积极关注主题目标，不管主题目标与他们所在部门的职责关系是否密切。尽管每个团队的成员各有所长，各司其职，但他们不会仅仅关心和参与自己部门的事务。遗憾的是，在很多团队中，只关心和参与自己部门事务的情况司空见惯。

就像美国国会的代表一样，领导者去参加会议都是去游说和捍卫选民的利益。当看到领导层会议的议程与他们关系不大时，他们就会尽力避免发言，希望会议快点结束。他们也可能偷偷在下面忙自己的事，甚至试图把会议的焦点转向与他们和其部门相关的事情。

这是导致组织功能失调、平庸的"完美处方"。尽管我会在后面谈到会议问题，但在这里需要强调的是，缺乏明确、引人注目的口号或主题目标将导致最糟糕的管理层会议，从而导致糟糕的决策。

建立主题目标的好处是巨大的。当领导者不再认为他们的主要职责是管理自己的部门时，就不太可能出现部门斗争和内讧了。大家更容易在会议期间保持专注，因为不重要的和附属的话题都被抛在了一边，而且大家并不会因此有任何负罪感。资源分配问题也会消失，因为大家已经明确哪些问题值得付出最多的精力和注意力。调节办公室政治斗争的必要性也大大减少，因为人们认识到了取舍的重要性。

分解目标

要想认识到有一个清晰和共同的关注点的好处，仅仅确定主题目标是不够的。我们必须进一步明确能够使主题目标的实现成为可能的目标。出于显而易见的原因，我把它们称为"分解目标"。

分解目标是实现主题目标需要开展的主要活动。与主题目标一样，分解目标必须是定性和暂时的，而且是领导团队共享的。这样主题目标就不仅仅是一个口号，而是一个具体、可理解的行动号召。在大多数情况下，分解目标一般有4~6个，这取决于目标本身的性质。

运营能力优先

我们正在与一个大型货运和物流公司的领导团队合作，

公司的业绩很好。不过，他们也面临各种挑战，高管们正在讨论没有额外的能力应对日益增长的业务的问题。在讨论了这个问题和吸引他们关注的其他各种话题后，我们提出了一个大问题：如果你们要在未来9个月里完成一件事情，那应该是什么？

在短短几分钟时间里，团队就达成了一致意见，"如果我们不解决运营能力问题，我们就会有大麻烦"。

所以"解决运营能力问题"成为他们的主题目标。目标本身虽然不是很吸引人，却是清晰和正确的。同样重要的是，这个主题目标将成为每个团队成员的首要任务，不管他们的具体职责是什么。

下一步是明确他们需要采取什么行动来解决这个问题，实现主题目标。在不到1小时的讨论和辩论之后，他们想出了下面的分解目标。（使用相应的图形来描述主题目标和分解目标，因为更容易记，也便于领导者将来参考。）

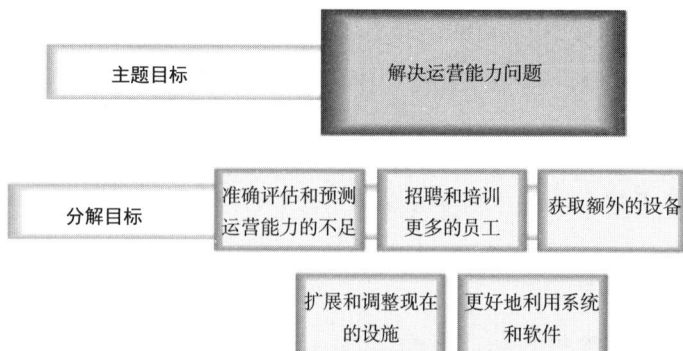

回想起来，很明显，如果管理团队没有开展这样的对话，他们将继续和平时一样做他们的项目和任务，只是把运营能力问题当成一长串的重要目标中的一个来处理。相反，在这一对话结束后，他们就开始准备讨论他们应该停止哪些工作，如何重新分配组织中不太关键的资源，实现主题目标。

标准运营目标

一旦团队明确了分解目标，他们必须采取下一个，也是主题目标程序中的最后一步：确定标准运营目标。

标准运营目标是领导团队为了维持组织的正常运转，必须维护的持续、相对直接的指标和职责。我喜欢把这些责任称为"领导者的日常工作"。

设立标准运营目标并不是特别困难，因为它们通常都是比较明显的。在营利性公司，标准运营目标通常包括收入、费用、客户保留或满意度、产品质量、现金流、士气或特定行业中存在的任何其他问题。对酒店而言，标准运营目标当然包括入住率；对学校而言，它包括毕业率和考试成绩；对教堂而言，它很可能包括会众人数和资金支持。无论哪种情况，很少有领导团队需要花费15分钟以上的时间确认标准运营目标，因为这已经是他们日常工作的重要组成部分。

在前面的例子中，货运公司的标准运营目标包括收入、费用、准时送达、客户满意度、获得新客户、安全和士气。我的咨询公司有以下标准运营目标：财务（包括收入和费用）、员工士气、图书销售、产品销售、咨询渠道、演讲渠道、客户满意度和管理工作。每个组织追踪的标准运营目标都有所不同，不过它是可以根据其所在的行业预测的，而且随着时间的改变也不会有太大的改变。

值得注意的是，有时候一个组织的主题目标可能是标准运营目标列表中的一项。例如，一家酒店会定期跟踪入住率，不过在特定的时期，这个问题可能成为最关键的挑战。所以领导者会把它提升到列表的第一位，并把"提高入住率"作为一段时间内的主题目标。如果与我们合作的货运公司发现事故和工人赔偿影响了其财务能力，领导者很可能将"改善安全"作为一段时间内的主题目标，尽管这是标准运营目标列表上的项目。

这并不是说大多数主题目标都来自标准运营目标列表，只是有时候为形势所迫。当然，一旦主题目标得以实现，该项目就会回归标准运营目标列表。

一页纸模型

出于各种原因，不同类型的组织有不同的主题目标、分解目标和标准运营目标。不过，三种目标都能写在同一张纸上。

聚焦信用卡

我们的一位顾问与一家联盟信用卡公司合作过，该公司不断与组织发展联盟关系，目的是推出联名信用卡。他们引入了一个大的战略合作伙伴，这家航空公司打算将尽可能多的老客户的里程信用卡迁移到我们的客户公司。

这些高管感觉自己在朝着不同的方向前进，迫于压力不断引进新业务，甚至是在他们哀叹可能无力为这家航空公司合作伙伴提供满意的服务时。最后，他们达成了一个主题目标，从而为他们提供所需要的专注和协调性。

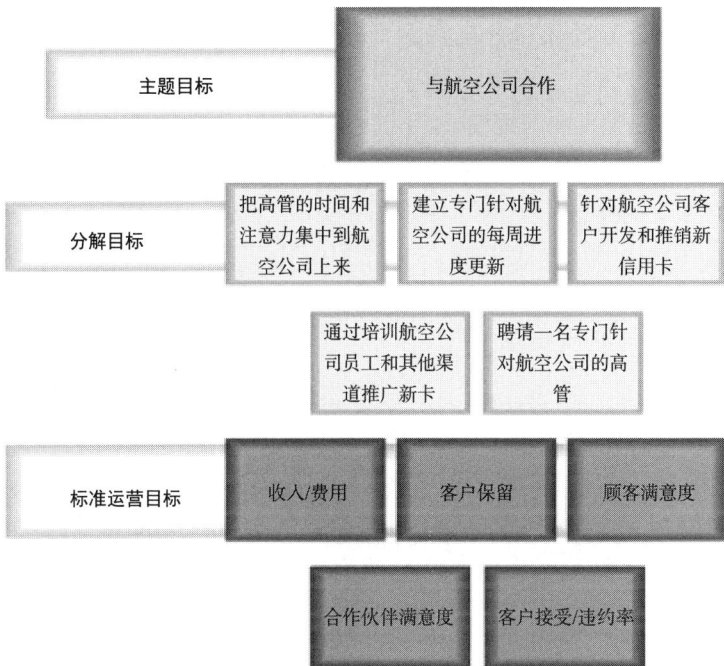

如果在会议结束时领导者能够用一张纸列出团队的主题目标、分解目标和标准运营目标，并把它带走，领导者将明确行动的焦点，从而避免分心。

扭转不好的声誉

我们与一家大型医疗保健公司的IT部门的领导团队合作过。多年以来，IT部门在公司里的口碑一直不好，尽管首席信息官和她的团队一直在尽力避免错误，并在出现问题时极力捍卫他们的部门。这个部门曾经因为未能按时交付项目、服务水平无法满足业务需求、对公司的需求反应迟钝等原因遭受批评。

当团队了解了主题目标的概念之后，他们认为是时候摆脱表现不佳的名声了。他们的主题目标图示是这样的：

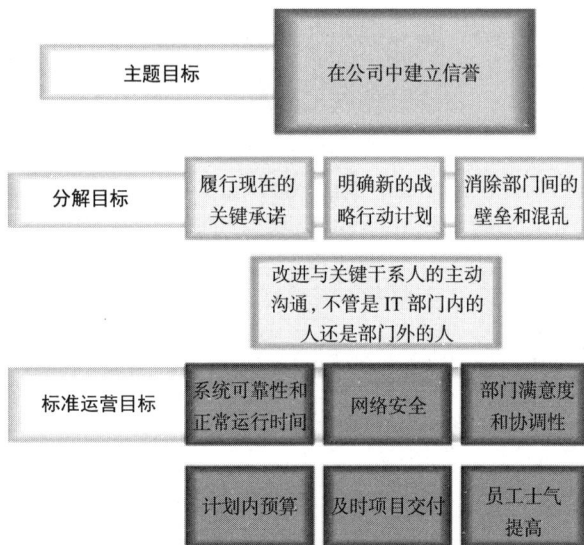

主题目标	在公司中建立信誉		
分解目标	履行现在的关键承诺	明确新的战略行动计划	消除部门间的壁垒和混乱
	改进与关键干系人的主动沟通，不管是IT部门内的人还是部门外的人		
标准运营目标	系统可靠性和正常运行时间	网络安全	部门满意度和协调性
	计划内预算	及时项目交付	员工士气提高

在建立这个主题目标框架之后的一年时间里，该团队通过自身的努力改善了名声，正如客户调查和来自高管的干系人反馈所反映的那样。而且，在随后的八年时间里，该部门一直保持着成功、可靠的声誉。首席信息官解释说："直到我们明确了首要任务，并清楚了我们该做些什么时，我们才能够团结在一起扭转局面。"

一个主题目标持续的时间长短（在3~12个月的时间框架内）由领导团队决定，取决于给定的问题需要多少时间解决。但是话说回来，组织的规模和业务的性质对主题目标的持续时间也有很大的影响。小企业和初创企业往往觉得较短的时间更合适，因为他们可以用更短的时间做更多的事情，而且更短的时间意味着他们没有太多缓冲的机会，也没有太多犯错误的机会。另外，大型组织，尤其是学校和政府，通常有较长的规划周期，并且倾向于较大的主题目标。

当一个主题目标快要完成时，领导团队就要开始考虑下一个主题目标了。当然，一定的灵活性是必要的。如果团队的主题目标的进展速度比预期快，他们就应该尽早想出下一个主题目标。如果几周或几个月之后，他们认为这一主题目标已经不再合适，或者出现了其他更重要的事情的话，当然就应该转向新的目标。

记住，建立主题目标的目的不是限制组织的灵活性，而是让领导者团结在这个目标的周围，共同努力去实现目标。

一旦领导团队确认了主题目标、分解目标和标准运营目标，就需要回答最后一个问题，也是最简单的一个问题。

问题6：谁必须做什么?

尽管我曾经明确指出领导者去参加会议时不要戴着部门的"帽子"，他们各有所长，但必须为实现团队的主题目标共同努力。不过，当回到各自的工作岗位时，领导者还是要清晰、明确地限定各自的职责范围。实际情况是，组织无论大小，都要有劳动分工，而这种分工是从高层开始的。如果没有明确的分工，出现办公室政治斗争和内讧的可能性就很大，即便大家都是出于好意。

关于这一问题，没有什么特别要说的，只需要警告领导团队不要想当然。尽管在大部分组织中领导者之间都有明确的分工，但对这一明确性的想当然也会导致意外和不必要的问题。

其中的一个挑战是大部分组织在各个部门中采用了传统的头衔。根据行业的不同，大部分组织采用了如下角色组合：销售、营销、财务、运营、人力、工程、IT、客服和法律负责人。尽管这些职责描述很好地反映了领导团队成员的主要责任，但当让他们坐下来写出其对自己职位比较详细的描述时，他们给出的结果总是让我感到意外。

在这个简单的活动中，团队成员往往会对彼此的结果感到意外。有时候两个人声称对同样的任务或职责负责："嘿，我的列表上也有业务拓展！"有些时候还会出现缺口："为什么所有人的列表上都没有战略计划这一项？"

在很多情况下，出现最大问题的是管理团队的领导者，往往是首席执行官。他们除履行管理领导团队的职责之外，还扮演着其他积极的角色，这会导致混乱。比如，在很多小型组织中，创建者兼首席执行官通常要扮演两个单独的角色：管理团队的领导者和职能专家。

双重角色的首席执行官

在我的职业生涯早期，我曾经为一家初创的时尚服装公司提供过咨询服务，它的工作场所是一间小仓库，公司有5名员工。首席执行官是原来的产品设计师。当公司快速发展并得到市场的认可时，他提拔最早的一名员工做了产品负责人（这个人原来是公司的运输管理员和看门人，后来表现出了杰出的设计才华）。

当然，问题是首席执行官仍然扮演着首席产品专家的角色，这很容易让团队中的每个人（不只是新上任的产品负责人）感到困惑。在会议中，当首席执行官参加关于产品问题的辩论时，团队成员不会有太多的反对意见，因为他们误以为他是在以首席执行官的身份宣布最后的决定。而实际上，他只是以产品设计师的身份参加辩论，只是为了鼓励大家多发言。

首席执行官意识到自己无意间破坏了辩论，并践踏了产品负责人的权威，他决定在会议上向团队明确他扮演的角色，他的意图是参加对话，不是作为组织的首席执行官做最后的决定。

领导者，尤其是组织中最高层的领导者，往往会临时进入他们擅长或感觉舒服的角色。不过，领导者往往意识不到组织中的其他人，甚至是领导团队中的其他人，往往不像自己那样清楚自己究竟在扮演哪个角色。

不管一个组织的结构图是清晰的还是混乱的，总是有必要花一点时间明确这个问题，这样领导团队中的每个人都会清楚其他人所扮演的角色，并确保所有关键的职责都会被覆盖。

假设一个团队已经成功地回答了这六个关键的问题，如果他们无法有效地保持他们所打造的组织清晰度，还是无法从中受益。

战略白皮书

一旦领导团队回答了这六个关键问题，他们就必须以一种简单可行的方式来记录这些答案，从而将它们用于今后的沟通、决策和规划。

在脱岗研讨会或战略会议上，领导者会达成重要决定，而当会议结束后，领导者往往会犯以下两个错误中的一个：把这些决定保存在精美的装订文件中，然后放在书架上积尘；或者他们根本不会记录这些决定，想当然地认为与会者会收集与自己部门相关的重要决定。

与这些极端的做法相比，保存这些关键决定的最有效的工具是战略白皮书——总结了这六个关键问题的答案的简单文件。尽管每个组织都会而且应该创建一个符合他们需求的战略白皮书，每个组织的领导者也应该做两件事情来确保他们的白皮书能够发挥作用。

首先，必须简短。几页的长度是不必要的，如果过长，人们就不愿意去回顾它。在大多数情况下，六个问题的答案应该能够保存在一个页面上——最多两页。即便团队想添加来自原则1（建立一个富有凝聚力的领导团队）的信息，如团队成员资料和来自团队有效性练习的结果，也不要超过三页。

其次，领导团队成员应该随身携带这个白皮书，而不是深埋在公文包里。他们应该把它放在办公桌上，带到领导层会议上，并把它用作快速参考及与员工交流的工具。

下面给出了一家公司的白皮书。记住，不管它是以什么形式呈现的，关键在于保持这六个关键问题的答案的生命力和可用性。通过这样做，领导团队将大大提高组织管理的协调性、一致性和目的性。

战略白皮书案例：Lighthouse Consulting

我们为什么存在? 我们存在是因为我们相信世界需要更多优秀的领导者。

我们该如何表现? 我们要表现出激情、谦虚和高情商。

我们该如何行事? 我们为想提高组织效能的领导者提供服务和资源。

我们如何实现成功? 我们通过提供高度个性化的服务，保持相对较小的规模，保护我们的独特文化，并利用世界级专家的理念在竞争中脱颖而出。

目前最重要的是什么?

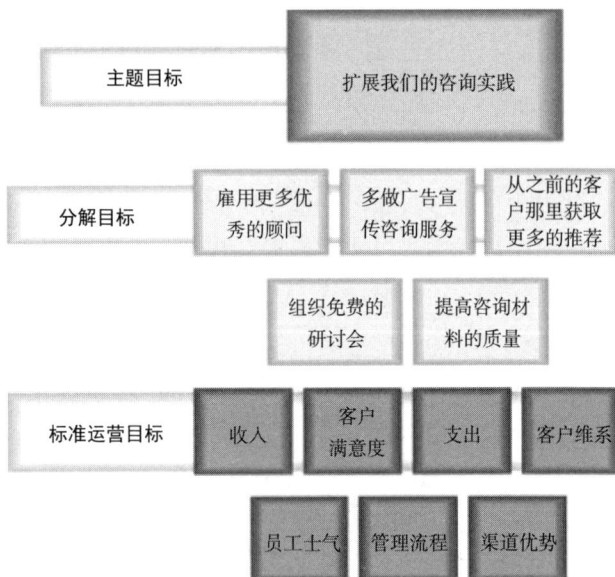

谁必须做什么?

名 字	头 衔	主要职责
迈克尔	首席执行官	团队领导管理、公司战略制定、关键销售支持
迪克	咨询督导	咨询和项目管理、内容开发
艾米	首席财务官	财务、IT、法务、总务
马特	销售	标准销售、合伙关系维护
汤姆	营销主管	标准营销、客户教育、公司活动
克里斯塔	人力资源主管	培训、福利、薪酬

团队资料

姓 名	类 型	需要改进的地方
迈克尔	ENTJ	少打断别人,兑现承诺
迪克	INTP	与同事多一些互动,更快回应问询 / 邮件
艾米	ISTJ	在解释事情时要更深入细致,在会议上发言
马特	ENFP	在会议上保持专注并紧扣主题,有始有终
汤姆	INFJ	不要害怕分歧,对员工更严格一些
克里斯塔	ESTJ	更灵活地应对业务需求,不要奉行部门保护主义

原则2 检查清单:打造组织清晰度

当领导团队成员能够认可以下陈述时,他们就能够确信自己已经掌握了这一原则:

◎ 领导团队成员清楚团队的存在原因，能够在该问题上达成共识，并对它充满热情。

◎ 领导团队已经明确和接受了一套具体的行为价值观。

◎ 领导者已经明确达成了一项能够帮助他们定义成功，并从竞争对手中脱颖而出的战略。

◎ 领导团队有明确和现实的目标，他们将团结在这个目标的周围。他们对这一目标有一种集体责任感。

◎ 领导团队成员知道彼此的角色和职责。他们善于对彼此的工作提出问题。

◎ 领导团队对组织清晰度的各元素进行了简要的总结，并会定期引用和回顾它。

原则3 ▶

反复充分沟通组织
清晰度

图中文字：

1. 建立一个富有凝聚力的领导团队
2. 打造组织清晰度
组织健康
4. 强化组织清晰度
3. 反复充分沟通组织清晰度

反复充分沟通组织清晰度的价值

让我们再回顾一下两个组织的例子。

第一个组织的领导团队经常提醒员工组织的存在原因、它的核心价值观、它的战略，以及什么是它的优先要务。当会议结束时，他们会达成明确的一致意见，并且知道如何向员工传达这些信息。他们还会确保自己知道组织中的员工的担忧和想法，这样他们在做决定时就可以反映并考虑这些担忧和想法。

第二个组织的领导团队只是在每年的几次大型活动中传达这些信息，而且重点在于战术目标和计划。在会议结束后，他们的信息传达往往是零散和不一致的，而且他们并不是特别清楚组织中的员工的意见。

问题：与第二个组织相比，第一个组织有什么优势？这一优势值得我们付出多少时间和精力？

只有当领导团队有了凝聚力并围绕六个关键问题形成了明确一致的答案，建立了明确性和一致性时，他们才能够有效地进入下一个步骤：沟通这些答案。最好是不断传达这些答案——一次又一次，一次又一次。

需要沟通七次。我听到有人说只有当领导者传达一条信息的次数达到七次时，员工才会相信它。无论具体的数字是五还是七，抑或是其他，我想要说的是，除非人们不断地听到某条信息，否则他们就会持怀疑态度。

需要不断重复不是由员工的过度怀疑造成的，而是在很多组织中发生的有些欺骗性质的沟通。斯科特·亚当斯（Scott Adams）塑造的呆伯特角色就揭示了这一现象，希望这个漫画是大错特错的。

　　毕竟，几乎所有的领导者都宣称质量第一，顾客是上帝，员工是组织的最大资产。让人感到滑稽的是，这些信息已经变成老生常谈。因此，员工不再相信领导者的口头声明，而是等着看这些领导者究竟有多严肃认真。检验严肃性的一个最好标准就是看他们能否在很长一段时间内不断重复自己说的话。

　　遗憾的是，我接触过的大多数领导者不太愿意重复。他们让我想起了一个故事，一个女人问她的丈夫："你为什么不再对我说你爱我？"丈夫似乎有点惊讶，他考虑了一下回答说："在我们结婚的时候，我说过我爱你。如果我的爱改变了，我会告诉你的。"

　　当年度全体会议结束时，领导者也无意中做了同样的事情，他们自认为沟通工作已经完成了，因为他们已经在演讲中阐述了组织的策略或优先事项。当领导者宣布演讲的幻灯片能够在公司的内部网站找到时，他们认为自己已经做得很全面了。但几周后他们惊讶地发现员工并没有按照他们说的做，这些员工中的大多数人甚至不能准确复述组织的新战略。

　　问题是领导者混淆了向听众传达信息与听众理解、内化和接受所传达信息的能力。让人们接受一条信息的唯一方法是在一段时间内，在各种不同的情境中，最好是从不同的人那里听到它。这就是优秀的领导者认为自己最重要的职责是首席提醒官的原因。他们的两大工作是设定组织的方向，然后定期提醒人们朝着这个方向前进。那么为什么有如此多的领导者做不到这点呢？

优秀的领导者认为自己最重要的职责是首席提醒官。

很多人并不喜欢提醒的角色是因为这对他们来讲似乎是浪费时间和低效的。他们学会了在工作的方方面面避免重复，所以在沟通中接受这些对他们来讲并不容易。但一些领导者并不是特别担心重复沟通造成的浪费，他们只是担心反复传达同样的信息对听众来讲可能是 种侮辱。他们认为员工不需要被反复告知，因为这会给人高人一等的感觉。

那些领导者没有意识到重复对员工理解的必要性。传达信息与其说是智力过程，不如说是情感过程。

员工并不会分析领导者所说的话是否新颖或吸引人，而是领导者是否严肃认真，是否发自内心。这意味着重复是必需的。

最后，很多领导者没有做到反复沟通是因为他们觉得一遍又一遍地重复同样的事情非常无聊。这是可以理解的。聪明的人想要新信息，解决新问题，他们厌倦了不断回顾相同的主题，但这并不重要。领导并不是领导者的娱乐活动，而是动员大家去做最重要的事情。当要求重复和强化时（几乎总是如此），优秀的领导者愿意承担这样的责任。

重复不只是以同样的方式一次又一次地传达信息。有效的沟通需要来自不同信息源和各种渠道的关键信息，使用各种各样的工具。这包括各式各样的电子媒体，从电子邮件到视频会议，到最新的通信技术。然而，传达信息最有效的方式（即使在一个大型的遍布各地的组织中）与技术无关，而且从一开始就存在——口口相传。

逐级传达

有人曾告诉我确保消息传达到整个组织的最好方式是散布关于它的"谣言"。因此，他们的结论是领导者应该走出去传达"真正的谣言"。尽管这听起来很愚蠢，但在一个健康的组织中，这是传达信息的最重要的方式。

> 确保消息传达到整个组织的最好方式是散布关于它的"谣言"。领导者应该走出去传达"真正的谣言"。

让一个组织朝着同一个方向前进的最可靠、有效的方法是确保领导团队成员在会议结束时能够达成明确的一致意见，并及时把这一信息传达给他们的直接下属，同时让直接下属把同样的信息传达给他们的直接下属，这称为"逐级传达"。信息从领导团队逐级下达到整个组织的各个角落，这是一个结构化、但是注重人际互动的过程。

这听起来非常简单，是因为它的确如此。尽管它如此有效，但绝大多数组织都没能这么做。它非常有效的部分原因是它与更正式的沟通方式形成了对比。在过去的15年或20年里，员工已经习惯了来自领导者的不一致、不合时宜和现成的电子邮件。这是事实。大多数领导团队成员非常善于发送电子邮件和做演讲，然而他们很难和员工进行有效的沟通，因为员工怀疑他们读到和听到的信息的真实性。

逐级传达提供了一个很好的机会，我们可以利用它改变这一切。令人惊讶的是，当一个组织的不同部门的员工听到他们的领导者在会议结束后说同样的话时，他们就会开始相信这些信息是清晰一致的。这能够使领导团队取得快速、有意义的胜利，团队成员和员工都会备受鼓舞。

一致的消息传递

我最早的一个客户是一家全球性的软件公司，它几乎在世界的各个地方设立了分公司。毫不奇怪，各个分公司的员工感觉彼此孤立，不管他们收到多少电子邮件通知、视频会议消息和公司T恤。

然后，领导团队开始了逐级传达，在会议结束后他们把同样的信息传达给直接下属。这些直接下属又把同样的信息传达给自己的团队。

我记得有一天在澳大利亚主管人事的一位女士给德国的同事打电话，告诉他她的上级刚刚传达给了她一些消息。让她吃惊的是，她的德国同事说："嘿，我的上级刚刚对我说了同样的事情！"与其他更精心设计的沟通方式相比，这种互相印证的非正式对话，让他们更强烈地感受到了公司的步调一致。

逐级传达有三个关键：从一个领导者到另一个领导者的信息一致性，传达的及时性，实时的沟通。这始于领导团队会议的末尾，此时团队成员一心想着走出门去。这时有人需要问一个关键的问题："嘿，我们回去后该对我们的人说些什么？"

在接下来的几分钟，有时甚至更长，领导者需要回顾他们在会议上的讨论，并确定他们做出的哪些决定已经可以传达，哪些决定尚未明确。我们称之为"澄清承诺"，原因很明显。通常在这个过程中，他们会发现他们在哪些决定上还没有达成共识。只有这时他们才能真正明确他们做出的决定，才能走出去传播会议共识。这肯定会花费更多的时间，但不这样做的代价往往是巨大的。

会议后的混乱

在我的职业生涯早期，我曾经工作过的一家公司遇到了困难，需要削减成本。经过长时间的管理层会议，大家决定暂停招聘新员工，直到公司的收入情况得到改善。

人力资源负责人离开管理层会议后，向全体员工群发了一封电子邮件，宣布暂停招聘。5分钟后，参加这次会议的两个同事来她的办公室抗议新政策。

"我不认为暂停招聘适用于销售岗位！"一位同事抗议道。另一位同事插话道："我们不可能减少工程师，不是吗？"

管理团队不得不收回公告并修改政策，这导致团队成员之间的关系出现紧张，更不用说在员工的眼中失去信誉了。所有这一切都是因为在员工会议快要结束时他们没有花几分钟时间澄清他们的承诺。

尽管一致性很重要，但领导团队成员也不能过于死板，像机器人一样读相同的脚本。相反，他们需要明确所要传达的关键点，然后去他们的团队用自己的话解释这些关键点。

至关重要的是，领导者要在简短和一致的时间框架内完成信息的传达。如果团队中的一名成员回去后马上向她的员工传达信息，而其他人一周之后才传达的话，员工就会有困惑和失望情绪，这是可以理解的。这并不是说信息的传达要在同一时刻发生，不过会后24小时是一个不错的标准。

很多领导者问他们能否用电子邮件或语音邮件传达会议的结果。答案是否定的。虽然这些工具比现场沟通更快捷，但效果却差得很远。首先，员工没有机会问问题。其次，当员工阅读电子邮件或收听语音邮件时，他们不禁会想这个信息是如何被斟酌加工的，他们会试图在字里行间寻找深层的含义。

逐级传达的最好方式是面对面、现场的交流。看到领导者并听到他的语气对于员工来讲是至关重要的，而且还有机会问一两个问题。不过，虚拟团队和员工遍布各地的现实有时候会使面对面的交流变得不可能。在这样的情况下，视频会议是不错的选择。关键是这种讨论是现场、互动的。

在进行逐级传达时，另一个好主意是把所有的直接下属召集起来开会，而不是单独传达。除更有效率之外，这样做还能确保他们同时听到同样的信息，并从彼此的问题和发言中受益。

当我写到这里时，我清楚地意识到我给出的建议可能听起来非常基础。但话又说回来，大多数组织不健康是因为他们没有做到最基本的东西，他们需要的是纪律原则、坚持和贯彻到底，而不是复杂或深奥的才智。

除在每次领导团队会议结束之后进行逐级传达的简单原

则之外，领导者还可以通过其他方式确保关键信息在整个组织中得到高效传播。第一个也是最重要的方式是，当领导者需要与员工沟通时（从招聘、面试、入职培训、管理、奖励、培训至解聘），将答案融入六个关键问题中。我将在下面的内容中谈到这些问题。

但在此之前，先来看一个简单的框架，它有助于我们理解沟通在一个健康的组织中发生的不同方式。

自上而下的沟通

这是关键信息在一个组织中传播的最常见的方向，用于开展这种沟通的各种工具包括全体会议、员工刊物、定期电子邮件通知和社交媒体，当然也包括逐级传达。在这里不会对它们做详细的说明，因为关于基本沟通的各种形式，有大量的书籍和文章（更不用说咨询公司）能够提供更多的相关信息和知识。

我要说的是，大多数组织无法与员工沟通的原因并不在于他们不知道如何建立内部网站，写博客或设计演示文稿，而是因为他们在关键信息上不够清晰明确且无法持之以恒。这个世界到处都是让员工感觉被蒙在鼓里的组织，即便他们能够收到制作非常精美的内部刊物，有互动式网站和开不完的员工会议。他们得不到的是一致、真实和相关的沟通。

> 这个世界到处都是让员工感觉被蒙在鼓里的组织，即便他们能够收到制作非常精美的内部刊物，有互动式网站和开不完的员工会议。

真实

我所见过的自上而下的沟通的最好范例是一个大型医疗保健公司的首席执行官，他每周五都会给所有员工发一封1~3页的电子邮件。令人惊异的不是他的邮件的长度，而是他的信息的真实性、直接性和相关性。

当该公司进入困难时期时，首席执行官利用周五邮件激励员工勇敢应对眼前的困难。公司里的任何一名员工，不管处于哪个部门或层级，都能够了解他们的领导者的未经修饰、发自内心的想法。这家公司成功渡过了难关，首席执行官的不断沟通是他们取得成功的重要原因。

当然，值得一提的是，自上而下的沟通的成功始于原则1（建立一个富有凝聚力的领导团队）和原则2（打造组织清晰度）。没有它们，再多的沟通也没有用。

自下而上和横向的沟通

为员工提供一个自下而上的沟通工具在任何组织中都是非常重要的。然而，这并不是灵丹妙药。这是因为没有在关键问题上达成一致意见、缺乏富有凝聚力的领导团队，无力应对员工的建议和请求。事实上，如果员工提供的反馈和建议无法被消化和使用，向员工索取更多反馈只会加剧员工的沮丧情绪。

不过，为组织中的人提供自下而上的沟通渠道也是有意义的，不管采用的形式是员工调查还是圆桌讨论。关键是，领导者不要让员工觉得领导者是：通过员工投票来放弃领导者做决策的职责。与国家不一样的是，优秀的组织从来都不靠推行民主来获得成功。

领导者还要认识到，任何自下而上的沟通项目都无法代替理解并代表员工观点的领导者，它不应该被用来掩饰脱离员工的领导者的缺点。

在不健康的组织中，最常见的抱怨是关于跨部门或跨事业部之间的沟通障碍。尽管领导者可能想通过开展特殊的沟通项目来缓解这个问题，唯一的解决之道是消除问题的根源：不同部门的领导者之间的心结。即使用最精心设计的部门沟通计划也无法消除这些壁垒，除非建造这些壁垒的人决心拆除它们。

最后，值得一提的是，我所知道的一些健康组织不会开展很多正式的自下而上或横向的沟通，而一些最不健康的组织却陷入了员工调查、领导者倾听论坛和部门间会议中。这证明了如果高层领导者没有凝聚力和清晰度，再多的沟通也没有用，有了真正的清晰度和凝聚力，一点点正式的沟通都有很大的意义。

原则3　检查清单：反复充分沟通组织清晰度

当领导团队成员能够认可以下陈述时，他们就能够确信自己已经掌握了这一原则：

◎ 领导团队已经清楚地向所有员工传达了组织清晰度六个问题的答案。

◎ 领导团队成员定期提醒其部门的人员关于组织

清晰度的六个方面。

◎ 在会议结束时领导团队就向员工传达什么信息达成了明确、具体的决定，并在会议结束后及时地逐级传达信息。

◎ 员工能够准确地表述组织的存在原因、价值观、战略锚和目标。

原则4 ▶

强化组织清晰度

强化组织清晰度的价值

最后一次谈前面提到的两个组织。

第一个组织利用简单、实用的程序，根据其核心价值观招聘、录用合适的人，围绕组织最重要的优先目标管理员工的绩效，并基于公司的文化、战略及业务状况培训和奖励员工。此外，管理者拥护并执行这些流程，认为它们是有助于事业成功的有用工具。

第二个组织有大量的流程和人力系统，但它们当中的大多数是泛化、烦琐的，不是专门针对组织的独特文化和运营情况打造的。因此，管理者发现它们是令人失望的，与他们的工作不相关且是无益的。

问题： 较之第二个组织，第一个组织有什么优势？这一优势值得我们投入多少时间和精力？

尽管不断传达很重要，健康组织的领导者不能总是提醒员工公司的存在原因是什么，公司的价值观是什么，诸如此类。为了确保六个关键问题的答案真正融入组织中，领导者必须竭尽所能地从结构上强化它们。要想做到这点，就要确保每个人力系统（涉及人的每个程序），从招聘到人员管理、培训和薪酬，都是为强化这些问题的答案而设计的。

我们面临的挑战是，要在不增加太多制度的情况下做到这点。或者就像有人曾对我说的那样，"组织要使其文化制度化，却不能官僚化"。在一个组织中，太多和太少的结构之间有一个微妙但关键的平衡，负责建立这种平衡的人就是领导者。

组织要使其文化制度化，却不能官僚化。

遗憾的是，领导者在人力系统设计中往往不扮演积极的角色。相反，他们把这一责任委托给组织中的其他人，往往是人力资源部门或法务工作人员。让我惊讶的是，他们后来却抱怨组织机构官僚化，如需要进行繁重、乏味的绩效考核。

指责人力资源部门和法务人员既不公平，也没用。唯一的解决之道是领导团队发挥积极的作用，构建能够反映、强化组织文化和经营的独特性的人力系统。他们必须确保招聘材料、绩效管理程序、培训项目和薪酬系统的相关性，要想做到这点，就必须专门针对六个问题的答案来设计。

非通用

很多高管会说人力资源专员有更多的专业知识和经验，就建立人力系统而言，他们比领导团队成员更擅长，因此他们应该承担这项责任。虽然这是事实，但那些人力资源专员也不可能填补必须由领导者所扮演的角色。

别误会，人力资源专员和法务人员在人力系统的建立和管理中扮演着重要角色。但是，这些系统的最初设计必须由把握组织大方向、有能力防范官僚化的人来驱动，官僚化会把有用的人力系统变成行政干扰。当领导团队成员推卸这样的责任时，他们只会得到平庸、机械的系统和流程。

一些领导者打着效率和标准化的旗号，他们相信，如果一个绩效考核系统或薪酬计划"能够被通用电气或百事可乐采用，那么它对于我们来说已经足够好了"。问题是，他们领导的不是通用电气或百事可乐（在通用电气或百事可乐工作的人可以忽略这段）。

实际情况是，最好的人力系统往往是最简单、最不复杂的。它们的存在不是为了避免诉讼或效仿其他公司的做法，而是让管理者和员工关注对组织来讲最重要的东西。这就是备受管理者推崇和重视的、只有一页的为组织定制的绩效考核表格总是比专业的组织心理学家设计的长达七页的复杂表格更有效的原因。

这一点再强调也不为过。人力系统是强化组织清晰度的工具，为组织提供了一个将运营、文化和管理紧密联系在一起的结构，即便领导者不在身边提醒。因为每个组织都是不同的，所以没有可以从网上下载的通用系统。

人力系统为组织提供了一个将经营、文化和管理紧密联系在一起的结构，即便领导者不在身边提醒。

根据员工职业生命周期，让我们来看一下组织需要的最重要的人力系统。

招聘和雇用

将合适的人带入组织，将不合适的人排除在外也是领导团队必须监督的一项重要活动。尽管很少有领导者对此表示反对，不过出于各种各样的原因，很多组织都无法做好这点。

首先，太多的组织并没有定义出什么是合适的人及什么是不合适的人，也就是说，他们并没有确定一套可以用来筛选潜在雇员的有意义的行为价值观。我已经在讨论核心价值观时谈到了这个问题，不过还是有必要重复一下。没有明确和严格标准的招聘，会大大限制组织的发展潜能。即便已经明确了合适的行为价值观的组织，很多其他问题也会影响其招聘。

谈到招聘合适的员工，在面试和选拔中人们仍然过于强调技能和经验。各个层次的招聘都是如此。到了紧要关头，大多数高管更看重求职者的知识和经验，而忽略了更重要的行为问题。他们似乎并没有接受这一理念：人的技能可以教授，人的态度却很难改变。

谈到确保文化匹配度，即便有明确的核心价值观，并真正相信这些价值观胜过一切的组织有时也会迷失方向，因为他们没有为此设计合适的招聘程序。我发现大多数组织在招聘结构上往往走两个极端。

直觉与程序

很多领导者，尤其是管理小型组织的领导者，认为他们具备选拔人才的技能，不需要任何真正的程序。他们回顾自己的职业生涯，想起了他们招聘的优秀员工，认为自己看出了这些人的潜能。不过，他们似乎对自己的不成功招聘选择性失忆，或者把这些错误归结为他们后来解雇的人的隐藏的行为缺陷。无论如何，他们坚信自己很会识人，不需要多少程序就能完成招聘过程。

这些领导者的组织中存在的筛选、面试和评估程序往往算不上程序。尽管在对求职者进行面试之前可能对简历进行了严格的审核，面试本身往往没有程序和计划。几乎没有准备，也没有真正的方法去识别成功的求职者。很难想象对于一个领导者来讲最重要的决定——聘请谁加入组织，往往是以这样漫不经心的方式做出的。我认为这种情况持续存在的一个原因是从做出糟糕的招聘决策到每个人都意识到问题的存在有相当长的时间间隔。缺乏严格的面试程序导致招聘结果时好时坏，不知何故，领导者不会在这两者间建立因果联系。得出这一结论是因为我看到太多的领导者，即便在承认了他们的招聘失误之后也不会改变做法。

另一个极端，尽管不是很常见，也不会带来好结果。当组织通过添加层层的官僚形式、审批和分析使他们的招聘程序过度结构化时，他们往往会削弱判断力在人才选拔中所扮演的必不可少的角色。这种情况在大型组织中更为常见，在这种组织中对行政程序的过分强调限制了管理者使用常识和判断力的能力或愿望。这往往是出于好意的人力资源部门或法务部门造成的。

与所有的主题专家一样，人力资源部门往往尝试使用最复杂、最先进的程序，这往往导致他们在招聘时采用过于复杂或学术的方法。从理论上讲，这可能是有意义的，不过管理者很难大规模地采用这样的程序。法务部门往往关注的是避免由于面试程序或后来的解聘导致的诉讼，这是可以理解的。所以他们会尽最大努力消除主观性，这往往意味着通过添加更多的程序来做判断。无论哪种情况，太多的程序掩盖了有效的招聘项目的真正目标：找到适合组织文化并最有可能成功的人。

招聘的最佳方式是通过适当多的程序，确保一定程度的一致性和对核心价值观的坚持——仅此而已。谈到招聘，程序最好还是少一点，而不是多一点。因为太多的程序总是影响一个人使用常识的能力，而且向一个比较简单的系统中添加一些程序要比去除一个过于复杂的程序容易得多。

这种更为平衡的方法是什么样的？首先，它的流程介绍和应用方法最好不要超过一页纸。纸的一面用于解释程序，并描述和判断一个人是否适合该组织的核心价值观和相关行为标准。这就为面试官和管理者提供了一系列可见的、明显的特征，在面试和选拔程序中决定是录用还是淘汰。纸的另一面可以用来在面试中记录应聘者的情况。

其次，所有这一切在一个组织的各个部门之间应该是一致的。的确，工程师、营销人员和销售人员的技能要求是不一样的，这可能要求我们用一两个页面单独列出这些不同的要求。不过谈到总体的文化匹配度（任何组织的领导者在招聘中首先应该关注的），在各个部门使用单一、简单和一致的程序是非常关键的。

面试

一旦创建了价值观、表格和其他简单的附属材料，就必须建立一个使用它们的流程。为了保持一致性，这一程序必须有一定的结构，更重要的是，它必须是简单、灵活的。

谈到面试的实际过程，很多领导者还在犯他们40年前的错误。第一，他们让求职者坐在桌子的正对面，然后提出与简历相关的问题。第二，他们不会和其他的面试官共同做计划，最终导致他们提出很多相同的问题。第三，他们不会与其他的面试官进行充分的总结，只是向组织这一程序的人发送一个模糊的"赞同"或"反对"意见。

因为面试的目的是模拟一个能够让评价者对应聘者行为做出最准确评估的情境，在我看来，让他们走出办公室，做一些更为自然、非常规的事情是更好的主意。出去散步或购物都比坐在桌子对面强。关键是能够让评价者真正感受到应聘者能否在组织文化中成功发展，以及其他人是否会喜欢与这个人一起工作。

招聘合适的员工

一家大型公司的招聘程序具有传奇色彩，它的经营业绩和排长队的应聘者证明了这一点，它采用一种独特的方式将不适合公司文化的应聘者排除在外。该公司的文化是建立在谦虚和谦逊基础上的。

有很多面试者来应聘一份需要承担重要责任并要求具备专业技能的工作。这些应聘者（碰巧都是男士）被要求换下正式的西装裤，穿上卡其色短裤。这意味着他们在这一天余下的时间里要穿着西装上衣，打着领带，穿着正装鞋、黑袜子和短裤在公司总部走来走去！这让他们看起来很傻。

少数几个应聘者觉得这种形象有失身份，是对他们的一种侮辱，有些人显然很不舒服，有些人决定退出。该公司对应聘者的行为反应很满意，他们成功地排除了尽管在技能上合格却不适合公司文化的人。尽管有些人觉得这种做法有点儿幽默色彩，但实际上对应聘者和公司都好。它避免了一些应聘者不得不忍受痛苦和不成功的工作经历，也避免了已经在这家公司快乐工作的员工看到他们热爱的文化被破坏。更不用说公司通过避免不必要的人员流动所节省的费用了。

当然，确保实现这些目标的唯一方式就是在面试结束后，面试官聚在一起进行讨论并达成一致意见。

关于招聘和面试的具体细节，很多书中都有详细的介绍，这里没有必要细说了。不过还是要重复，没有对文化匹配度（或不匹配）的明确认识，没有一致性和灵活性的有机结合，没有领导团队的积极参与，再复杂的招聘程序也会失败。

没有对文化匹配度（或不匹配）的明确认识，没有一致性和灵活性的有机结合，没有领导团队的积极参与，再复杂的招聘程序也会失败。

入职培训

员工的职业生涯中最难忘、影响最大的时间是其入职的前几天或前几周。第一印象的影响如此之大，以至于健康的组织会利用这段时间将新员工引向正确的方向。这意味着入职培训不应该围绕福利和行政事务展开，而应是强化六个关键问题的答案。

当员工有机会倾听领导者谈论组织的存在原因、招聘时

使用的行为价值观、组织的成功计划和优先任务、管理层的
职责分工时，他们就能知道应该如何为组织的发展做出贡
献。这往往奠定了他们在该组织的整个职业生涯中的行为和
态度的基调，当他们下班回到家的时候，他们会自豪地谈起
刚刚加入的组织的专业性和承诺。

将这种做法与很多组织的入职培训做一下对比。他们没
有把入职培训看作强化关于组织的最重要信息的首次机会，
而是把这一任务交给了行政部门，而行政部门关注的自然是
行政职能。尽管这可能有助于新员工了解如何填写保单，使
用新的电子邮件系统（这些当然是有用的），但这种做法往
往会让刚刚加入组织的人感到失望，因为他们一心想的是如
何尽快成为企业的一员。

组织的领导者，甚至大型组织的领导者，需要认识到他
们要带给新员工的是对组织清晰度的认识和热情，并让新员
工感受到自身的价值。这样的机会只存在于新员工刚入职的
前几天或前几周，永远不应该被浪费。

入职培训的方式有很多，这里没有必要细说，因为没有
现成的方法。关键在于入职培训要建立在六个关键问题的基
础上，领导者要在它的设计和实施中扮演积极的角色。关于

入职培训，就说这么多。

绩效管理

没有什么比绩效管理系统更有可能导致官僚主义和不可靠了。这个词语本身就非常模糊和空泛，会让忙碌的管理者对流程麻木，所以我觉得有必要对它做一个明确定义。

实际上绩效管理是一系列活动，它们能够确保管理者对员工提出明确的期望，并定期反馈员工是否完成了这些期望。这也许有些简单，不过这是问题的核心所在，绩效管理本来就应该简单。遗憾的是，很少有组织擅长绩效管理，这主要是因为他们从一开始就没有对开展绩效管理的目的形成明确、一致的认识。

这些年来，随着劳动诉讼越来越多，领导者越来越担心被解雇的员工会起诉组织，占用他们有限的财务资源。当考虑到打官司所需要的高昂成本时，不管是时间还是金钱上的，这种担心是可以理解的，即便我们最后赢了。所以，法务部门试图利用绩效管理程序从法律上保护组织。他们认为管理者应掌握细化文档和保存记录的艺术，这些可以用于诉讼，避免给组织带来巨大的损失。

也许这听起来很合理，不过意料之外的后果是毁灭性的。首先，员工和管理者都把绩效管理程序看成对抗性的活动，其中充满了紧张的谈判，而不是明确的沟通。具有讽刺意味的是，这可能加剧组织的法律问题，而不是减少。当员工更关注来自管理者的正式"成绩单"而不是真正的绩效，管理者更关注文档而不是指导时，信任就会下降，管理和沟通就会受影响。健康的组织认为，绩效管理主要是为了消除困惑。大部分员工都想成功，而让他们成功的最佳方式是为其指引方向，定期提供反馈信息并提供必要的指导。

健康的组织还认识到，即便最严格的系统也无法杜绝诉讼，而为了避免诉讼牺牲绩效管理系统的真正目标是不划算的，即便可以做到。

最好的绩效管理流程是简单的。最重要的是，它们旨在激发围绕合适话题的合适对话。这些话题就是我在打造组织清晰度中谈到的——目标、价值观、角色和职责。当组织建立起简单、直接的绩效管理流程时，管理者就更容易频繁地使用它们。这是好事，因为它能够经常提醒员工什么是最重要的，建立起更大的信任，并进行有意义的对话。

　　　　最好的绩效管理流程旨在激发围绕合适话题的

合适对话。

　　整体绩效管理系统的另一部分是与员工解聘相关的绩效警告和行为改进计划。这是麻烦、令人不快的，不过却是必要的。我会把这件事情交给法务人员和人力资源专员，因为他们在这方面更擅长。但我要说的是，组织要将行为改进流程与常规的绩效管理系统分开，因为一个组织最不想看到的情况就是，好员工感觉自己正在被审问并面临被解雇的危险。

薪酬和奖励

　　不用担心，我不打算详细地探讨这个话题。很多书中都谈到了这一话题，关于薪酬和奖励系统的技术层面，很多顾问要比我在行得多。这里要强调的是，对员工进行奖励的最重要的目的是激励他们做对组织最有益的事。

　　的确，这听起来很明显，不过不知何故，大部分组织的薪酬和奖励计划脱离了这一目标。这样它们就失去了价值，实际上成为干扰因素，而不是起到让员工专注于工作和激励员工的作用。

领导团队成员必须承担起责任，确保薪酬和奖励计划简单易懂，最重要的是提醒员工什么是最重要的。这点尤其适用于管理层，因为领导者自身的薪酬和奖励无疑会影响他们对员工的激励。

这些系统的核心必须是六个关键问题的答案。比如，当员工得到奖励时，他们需要知道之所以得到奖励是因为他们的行为或表现与组织的存在原因、核心价值观、战略锚或主题目标一致。当员工得不到加薪或奖励时，他们需要知道这是因为他们的行为或表现与这些不一致。这是领导者展示自己信守承诺的绝佳机会。如果不将薪酬和奖励与六个关键问题联系起来，就是浪费了激励和管理的最佳机会。

不是每个薪酬决定都容易和与六个关键问题相关的具体表现或行为联系起来。有时候，一名员工得到2%的加薪只是因为这是上司能够给他的最高薪酬。如果是这种情况，领导者需要向员工说明绩效和薪酬之间出现了脱节，他们会努力消除这种脱节。

认可

在一个健康的组织中，尽管薪酬和奖励很重要，但它们不是激励员工的最有效或最重要的方式。

实时的认可

我们的一位顾问正在和一家非营利公司的领导团队打交道，他们想通过正式、非正式的奖励和认可来强化公司的价值观。当领导者讨论公司中的不同员工时，有人提到了一位女士，一个非常初级的员工，她在一个大型项目中的惊人表现彰显了公司的价值观。

我们的顾问向公司的领导团队成员提出了这样的问题："那么你们是否告诉过这位女士她表现得很出色，你们觉得她是其他员工的榜样？"让顾问感到意外的是，这些领导团队成员都不好意思地摇了摇头。

"那叫她过来一下。"领导团队成员以为顾问在开玩笑，于是顾问继续说道，"我是认真的。现在就叫她过来，把你们刚才对我说的话说给她听。"

几分钟之后，那位女士来到了领导团队成员所在的房间。她似乎有点局促不安，甚至有点吃惊，她不知道为什么这么着急叫她过来，尤其是让她坐在整个领导团队面前时。

在接下来的几分钟时间里，领导团队成员问她在这个项目中都做了什么，并给她机会解释这一项目以及她在当中扮演的角色。然后领导团队成员告诉她他们非常欣赏她的表现，她体现了公司的价值观，是所有人的榜样。

她感动得都要哭了，努力让自己平静了下来，向领导团队成员表示了感谢，然后离开。我们的顾问不需要再多说什么。他只是问这些领导团队成员觉得这位女士是否还会继续发扬这些价值观。当然，他们一致表示她肯定会的，他们承诺以后还会做出更多直接和非正式的认可。

我总是对客户说，如果领导者不告诉员工他们的表现很好，就相当于把钱从口袋里掏出来往火里扔，因为他们在浪费给予员工认可的机会，而认可是员工最渴望得到的。直接和个人的反馈是最简单、有效的激励形式。

那么，这种激励形式为什么没有被普遍采用呢？首先，很多领导者想当然地认为员工主要是受金钱激励的。因此，他们忽视真实、具体的赞赏的影响力，而是关注加薪和奖金这样的物质奖励。其次，很多领导者在当面表扬员工时会有些尴尬，害怕员工把它看成物质奖励的廉价替代。

很多领导者想当然地认为员工主要是受金钱激励的。因此，他们忽视真实、具体的赞赏的影响力。

领导者需要知道的是大多数员工，不管处于哪个层级，都只把物质奖励看作满足物，而不是动力。这意味着他们想得到足够多的报酬，从而对工作有好的感觉，不过额外的金钱不会使他们的工作满意度成比例增加。尽管他们不会拒绝加薪，这却不是他们真正想要的。实际上，感谢、认可、增加的责任和其他形式的真正赏识才是动力。这意味着员工永远都想要更多这样的东西，永远都不嫌多。

大部分组织过于重视物质报酬，却忽视了等式的另一边。他们这样做往往是因为他们认为员工选择离开是因为想要更多的钱。这是可以理解的错误，因为这是很多员工在离职谈话中所说的话，此时他们已经下定决心离开。不过，几乎没有员工会为了多赚一点点钱而离开他们能够得到感激和赏识的组织，除非他们所得的薪酬过低，为了维持生计不得不另谋出路。

留下来的任何理由

我的一位朋友在一家管理咨询公司工作了6年。他的薪酬丰厚，不过他受够了忽视和办公室政治，最终决定离开。

当他被一位之前对他从不感兴趣的领导者叫去谈话时，他被该领导者问："我们本来应该做哪些事情来留住你？"

我的朋友对这个空洞的问题有点意外。过了一会儿，他只是笑了笑，回答说："任何事情。"

我讲这个故事不只是因为它展现了在工作满意度中非物质因素的重要性，而且因为我觉得它很有趣。

这个故事不是告诉领导者物质因素不重要，而是让领导者认识到世界上最健康的组织并不一定是薪酬最高的，用钱来解决本来应该通过改善管理解决的问题是对资源的真正浪费。此外，以更高的薪酬作为诱饵吸引不满意的员工继续留在不健康的组织中，会让他们有被贬低的感觉。他们最终往往还是决定寻找更好的去处。

解雇

当我把解雇看成一个人力系统时，所考虑的并不是一个组织在让某个人离开时所走的行政程序。这并不是说行政程序不重要，当人们离开组织时他们所受到的待遇是非常重要的，因为这会影响他们的生活，而且能够让组织中的其他人看到领导者对员工的看法。

不过谈到建立一个健康的组织，解雇程序的最重要部分是让某个人离开的决定。这一决定首先应该由组织的价值观驱动。

在一个健康的组织中，考虑解雇某个人的领导者应该用组织的价值观对这个人做一个评估，尤其要特别关注核心价值观和基本价值观。如果一名员工的行为符合核心价值观和基本价值观，让他离开的决定很有可能就是错的。实际上，他拥有适应组织并取得成功的能力。组织不应该解雇他，而应仔细研究一下他是如何被管理的，并给他提供成功的机会。

不过，如果组织的领导者完全确定某个员工不符合核心价值观或基本价值观，即便他满足基本的绩效标准，领导者也应该帮助这个人另谋出路。

留下一个业绩不错却不适应组织文化的人会引发各种各

样的问题。首先，它向员工传达了一个明确的信息：组织对所推崇的价值观并不是特别严肃。容忍与价值观完全相悖的行为会引发怀疑，而且几乎是不可逆转的。当领导者做出让业绩较好却不符合组织价值观的人离开的艰难决定时，他们不但表现出对价值观的坚守，往往还会发现其他员工的表现会变得更好，因为其他员工不用再忍受之前那位同事的行为。

留下一个业绩不错却不适应组织文化的人向员工传达了一个明确的信息：组织对所推崇的价值观并不是特别严肃。

通过减少来增加

在我创建自己的咨询公司之前，曾经雇用了一个非常有才华的人加入我的部门。我和员工面临艰巨的任务，能找到一个帮助我们减轻负担的人，我非常欣慰。事实证明，他非常能干、努力，不过显然他并不接受我们部门的团队合作和无私的价值观。不过当时忙于工作的我犯了职业生涯中最大的一个错误：我提拔了他！

幸运的是，我的团队成员大胆地向我指出我公然违背了公司的价值观，因为我对不符合公司文化的人予以了奖励。我无法否认自己的行为有多么愚蠢，我决定把这个人转变成一个更好的团队合作者。

在短短几周时间里，我明显地发现他并不感兴趣。不过他是一个有才华、高效的工作者。于是我帮助他在一个更大的组织中找到了另一份工作，在一个更适合他的个性和价值观的部门。

除了重塑员工对我的信任，还发生了意想不到的事情：我的团队的表现有了很大的改进。没有了那个显然无法融入部门的谦逊、无私文化的员工，团队其他人的兴奋和承诺迅速飙升。我永远不会忘记这一深刻的教训。

最后，留住显然无法融入组织文化的人对这个人是不利的，他知道自己不属于这里，往往和同事一样沮丧。让他走是为了给他机会寻找适合他并能够让他取得成功的组织。

原则4　检查清单：强化组织清晰度

当领导团队成员能够认可以下陈述时，他们就能够确信自己已经掌握了这一原则：

◎ 组织能够通过一种简单的方式确保新雇用的员工是根据组织的价值观仔细选拔的。

◎ 新员工在入职培训中学习的是组织清晰度的六个问题。

◎ 组织的所有管理者都用简单、一致和非官僚化的系统设定目标，并对员工的绩效进行评估。这一系统是围绕组织清晰度的元素专门定制的。

◎ 不符合组织价值观的员工会被解雇，符合价值观但表现欠佳者会得到实现成功所需要的指导和帮助。

◎ 薪酬和奖励系统是围绕组织的价值观和目标建立的。

成功会议的中心地位

接受这四个原则的组织一定会变得健康，从而大大增加成功的可能性。不过有一项活动是组织坚持这些原则并保持健康的核心所在。

对健康的组织来讲，没有什么行动、活动或程序比会议更关键的了。尽管这个词很可怕，尽管它已经饱受非议，但没有什么比改变会议的方式更能从根本上影响组织了。

实际上，如果有人要向我提供用于评估一个组织的健康程度的材料，我不会看它的财务报表，不会看它的产品系列，也不会与客户或员工谈话，我要看领导团队是怎样开会的。就是在会议上，组织的价值观被确立、讨论和实践，人们决定战略和战术，并检查进展。糟糕的会议是培育不健康组织的温床，好的会议是凝聚力、组织清晰度和良好沟通的源泉。

那我们到底为什么讨厌会议呢？也许因为会议往往是糟糕的、无聊的、浪费时间的和令人沮丧的。不知何故，我们却学会了接受这点——认为会议的概念本身就是错误的。我们似乎把会议看成一种折磨，无法避免却必须忍受的东西。

> 如果有人要向我提供用于评估一个组织的健康程度的材料，我要看领导团队是怎样开会的。

会议本身没有什么不好，如果我们能够勇敢地面对这些年来在我们的许可之下不断发展和固化的问题，就没有什么不能解决的。我在《别被会议累死》一书中以虚构的形式写到了这些问题。在那本书中，我谈到了一个处于会议问题核心的概念——会议乱炖。

会议乱炖

理解会议乱炖的一种很好的方式就是想象一个愚蠢的厨师把所有的食材全部扔进一个大锅里，然后还奇怪为什么他炖的东西不好吃。当领导者把所有的问题都放到一次大会议中讨论时，也就是通常所说的"管理层会议"，他们也在做同样的事情。他们往往把行政问题、战术决策、创意头脑风暴、战略分析、人事讨论都放到一次让人精疲力竭的会议中。和那个愚蠢的厨师一样，当结果并不像他们想象的那样美好时，他们也会感到意外。

实际情况是，人脑并不能一下子处理这么多不同的话题。会议要具有明确性和针对性，这意味着需要有针对不同问题的不同会议，意味着会议会更多，而不是更少。

希望组织健康的领导者不能试图通过整合会议或缩短会议来消除或减少花在会议上的时间。他们必须确保召开合适的会议，而且必须使这些会议有效。因此，领导者应该很期待会议，甚至享受会议。他们在这些会议上会完成实质性的工作，从而使他们的生活，以及员工的生活变得更加美好。

四种会议类型

健康组织的领导团队会召开哪几种类型的会议？有四种基本类型。

内容		时间
行政	每日报到会议	5~10 分钟
战术	每周战术会议	45~90 分钟
战略	专题会议	2~4 小时
中长期发展	季度外出总结会	1~2 天

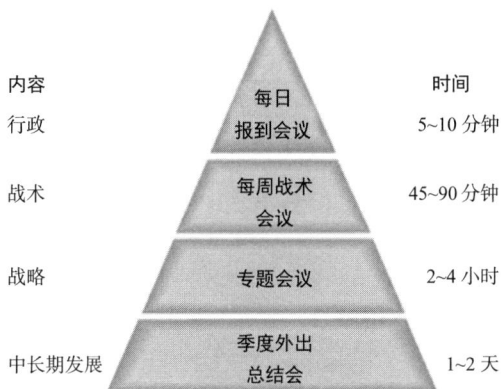

1. 每日报到会议

第一类会议是最不重要的，不过在条件允许的情况下是肯定要开展的。实际上它要求团队养成每天集会一次的习惯，时间不超过10分钟，主要明确行政上的问题，如时间表、事件、发出警报等。

这类会议没有议程，也不解决问题，只是交换信息。为了确保这类会议的性质不会发生改变，在举行这类会议时最好是站着。这些日常的行政"会面"只是为了让团队习惯定期谈话，并为处理重要战术问题提供途径。

很多领导团队会对每日报到会议表示反对。他们给出的理由有些是合理的，有些是不合理的。

不进行每日报到会议的一个很好的理由是团队成员分散在各地，要求他们每天都开会是不现实的。这并不是说一些虚拟的团队无法通过电话开会。但是，如果每天的电话会议需要位于不同时区的人付出很多时间和精力，它可能成为另一种形式的苦差事。在这种情况下，还是不开为好。

当团队成员在同一个地点工作时，就没有反对每日报到会议的合适理由了。不过，如果有些团队成员不在办公室呢？在没有他们参加的情况下开会，可以告诉他们如果条件允许，他们可以通过电话参与。不要施加压力。如果人们在这段时间里有其他的会议安排呢？最好不要在这10分钟的时间里安排其他的会议，但如果这样的情况无法避免，也不要担心，其他人还可以参加会议。如果人们觉得他们太忙呢？这是一个糟糕的借口，原因如下。

团队每日报到会议的最大作用是能够快速解决一些小问题，否则它们可能会恶化，给团队造成不必要的麻烦。比如，如果团队成员每周会面的次数不超过一次或更少的话，他们最终会试图通过电子邮件、语音邮件和走廊谈话解决每天出现的无穷无尽的行政问题。随着情况的变化，团队中的更多人需要或想要参与其中，从而导致更多的电子邮件、语音邮件和走廊谈话。有必要跟踪和计算一下领导者在这些问题上花费的时间和精力，如果大家每天花几分钟时间会面，这样的问题也许只需要30秒就能解决。

每日报到会议的最大好处是领导者知道他们能够在24小时之内看到同事，所以他们不会发送电子邮件或语音邮件，或者打断别人的工作，他们只是把事情记在纸条上并带到会议上去。不可否认这意味着高效和解放，使我从高管那里听到的抗议显得更加荒谬。他们好像在说，你没有意识到我们正在忙着解决由于我们缺乏沟通导致的问题吗？我们不可能每天花10分钟避免这些问题！

一旦团队习惯于每日报到会议，他们就会"上瘾"。

联系中断

一家硅谷公司的领导团队起初不情愿地开展了每日报到会议。几周之后，他们习惯了这一活动，不再有怨言。不过他们还是没有完全认识到每日报到会议的价值。

后来，在一个特定的时期，当很多领导团队成员去休假时，每日报到会议暂停了。正如经常发生的那样，当大家回来工作时，每日报到会议又被弃之一边。

几周之后，团队成员感觉他们之间的联系中断了，在进行了一番讨论之后，他们意识到原因是没有进行每日报到会议。公司总裁解释了发生的情况："直到我们停止了每日报到会议，我们才意识到每日报到会议使我们的联系变得紧密，帮助我们节省了时间和精力。"

习惯每日报到会议可能需要几周或一个月的时间。不过一旦习惯，领导者就会发现他们将与同事建立起更强有力的联系，而且建立联系的速度超乎想象。此外，他们能够快速地处理小问题，这样他们在其他三种会议上就能够把注意力放在更重要的问题上。

2. 每周战术会议

当领导团队成员抱怨会议时，他们中的很多人心里想的可能是每周一次、两周一次或每月一次的战术会议。会议乱炖往往就是在这个时候发生的。

实际情况是，在一个组织中没有比领导团队成员的每周战术会议更有价值的活动了。不过如果会议没有效果的话，就几乎没有机会建立起富有凝聚力的团队或健康的组织。

要想使每周战术会议真正发挥作用，就要注意几个关键问题，本书中已经谈到了很多。比如，如果领导团队中有太多人，如果大家不信任彼此，不愿意参与积极的冲突，无论你如何调整会议，也不会有什么成效。

不过，假定领导团队成员已经使他们的团队变得足够小，并有了行为上的凝聚力，他们就需要对在每周战术会议之前和之中的一些行为做出调整，从而使其变得有吸引力，有价值，甚至令人愉快。

实时议程

要想改善每周战术会议，领导团队成员首先要做的事情实际上就是他们在会议之前应该避免一种行为制定我所说的那种可怕的议程。在每周战术会议之前制定议程，就好比一位婚姻顾问在见到一对夫妇之前就确定了需要解决的问题。实际情况是，直到你们聚在一起，并对情况进行了评估，你才会知道需要讨论什么。

团队成员不应该提前确定议程，而应在会议的前10分钟创建一个实时的议程。这包含两个步骤。

首先，领导者需要在房间里走一走，让每个团队成员花30秒的时间报告在过去的一周里发生的两三个关键事项，注意报告的是他们认为的重要事项。当每个人报告了自己的重要事项，团队对组织的整体情况进行了评估之后，大家也许需要重组事项的优先级。

当每个人花了30秒的时间列出而不是详细阐述了他们的优先事项之后（大部分人只需要用10~15秒的时间），领导者就进入了创建实时议程的第二步。这包括回顾团队创建的单页计分卡或图表——包含他们的主题目标、分解目标和标准运营目标。在原则2中，当讨论"目前最重要的是什么"这一问题时，谈到了这一简单的结构。

战术会议评价卡

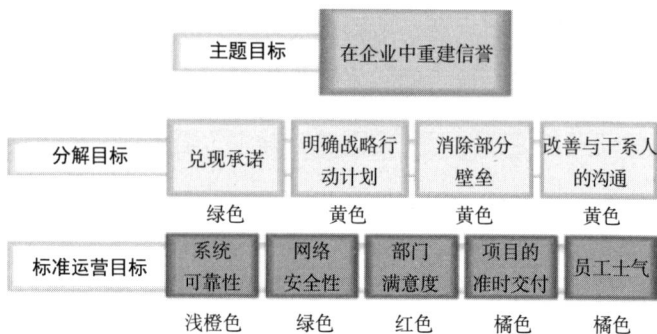

主题目标	在企业中重建信誉		

分解目标	兑现承诺	明确战略行动计划	消除部分壁垒	改善与干系人的沟通
	绿色	黄色	黄色	黄色

标准运营目标	系统可靠性	网络安全性	部门满意度	项目的准时交付	员工士气
	浅橙色	绿色	红色	橘色	橘色

实际上，会议的这部分是要后退一步，提出问题：我们所说的这些最重要的事情的进展如何？团队采用一种简单易懂的方式对自身进行评估：颜色。不管组织有多少可用的数

据，不管团队成员多么聪明和有经验，快速评估组织的进展
情况并确定如何分配宝贵资源的关键在于采用尽可能简单的
评估程序。我所见过的最好的系统莫过于绿色代表"一切顺
利，我们比预定的进度要快"，黄色代表"情况还不错，不
过我们落后于预定的进度"，红色代表"在这件事情上我们
落后了"（允许团队使用浅橙色和橘色代表中间状态）。

团队只需要花5~10分钟时间完成评分表上的项目，给每
个项目指定一种颜色。不同的人会基于自己的见解影响每个
决定，这很好。实际上，当领导者听到同事的评价时，他们
往往能够了解到更多的情况。"我会把完善营销信息标记为
绿色。"一位领导者说。"你在开玩笑吗？"另一位领导者
说："你看到上周的小组访谈的结果了吗？"第一位领导者
睁大了眼睛："我没看到。他们说什么？"第二个领导者解
释说："他们否定了我们的所有想法。我们要从头再来。"
每个人都同意使用红色。

只有当团队成员确定了颜色（一个愉快并且信息量很大
的过程）之后，他们才能够确定议程。一般而言，他们应该
关注图表上的红色或橘色部分，或者其他一两个特别关键的
部分。

实时议程的好处在于团队能够避免一个常见的问题：大家不得不耐着性子参与每个人都知道对组织不重要的陈述或讨论。当领导者提前确定议程时，他们往往会受到善于游说的人的影响，这些人提前和他们沟通要在接下来的会议上讨论的重要事情。在大家还没弄明白事情之前，就不得不坐在那里听一段长达45分钟的多媒体演示，如人力资源部门为福利计划选择了一个供应商，即便公司的福利计划根本不应该成为计分卡上的项目。当然，如果组织由于福利问题发生员工流动，福利成为团队面临的一个关键问题，那么他们就应该让负责福利问题的人来做演示。不过，领导者做出这一决定必须是它值得领导团队投入时间和精力，而不是因为想要得到额外关注的人觉得值得这样做。

在每周战术会议上，很多管理团队面临的挑战是：当有人提出一个本来不应该在战术会议上讨论的有吸引力、重要的话题时，团队就会受到干扰。尽管这对于总是渴望新鲜有趣话题的领导者来说是一种很好的调剂，却会造成两个问题。

首先，它影响了必须在每周战术会议上处理的战术问题的讨论；其次，它导致团队在一个没有足够时间，而且没有足够信息和准备的环境中讨论关键话题。所以，健康组织的领导者必须召开第三种会议。

3. 专题会议

也许最有趣、最有吸引力的就是第三种会议：专题会议（在季度外出总结会之间，组织利用这种会议讨论对组织有长期影响的重要问题，这种会议不定期。——译者注）。实际上，它也许是领导者在工作中参加的最有趣的会议。

这种会议的目的是深入研究可能对组织造成长期影响，需要花费大量时间和精力解决的关键问题：大的竞争威胁、破坏性的行业变化、收入的重大改变、严重的产品或服务不足，或者士气的严重下降，诸如此类。这些问题所需要的时间、精力和准备都要超出常规的会议。实际上，解决这样的问题往往要花费几小时的时间。设定问题的框架，概述基本的研究情况，通过头脑风暴找出可能的解决方案，讨论这些方案的利弊，然后达成一致的决定，所以整个过程往往需要花费数小时。

不过，领导团队很少抽出足够的时间解决这样的问题。在每周战术会议上，他们试图把这些重要问题放在战术和管理话题之间，用15分钟的时间解决。结果导致不仅决策不合理，领导者也会产生强烈的沮丧情绪。这种沮丧是由于他们知道自己做出了糟糕的决策，而且隐隐感觉到自己没有实现当初选择这一职业时的理想。

说得更明白一些。当大部分人决定投身商业时，他们想象自己与一群同事围坐在桌旁，努力解决难题，并尽最大努力利用每个人的知识、经验和直觉做出正确的决策。这是商学院案例研究中发生的情况，不可否认这很有趣。而案例研究的唯一问题是它们是不真实的，它们让人们期待有一天自己也能够讨论真正的问题，并做出真正有影响力的真正决定。

然后发生了奇怪的事情：真实世界中的领导者发现自己被电子邮件、语音邮件和行政事务淹没了，他们很少能够拿出足够的时间开展深入、有挑战性、紧张、激动人心和有趣的谈话。这真是很荒谬。

这就好比一个棒球选手通过不懈的努力最终进入了大联盟，然后把所有的时间都花在了击球练习上，却从来没有上场去打比赛。即便他最后上场了，也是匆匆忙忙完成了比赛，然后又回去练习击球了。对一个棒球选手而言，没有比

打比赛更重要的了，对领导者而言，没有比应对难题和困境
更重要的了。舍弃这些最重要的时刻是没有道理的。

　　对领导者而言，没有比应对难题和困境更重要
的了。舍弃这些最重要的时刻是没有道理的。

　　遗憾的是，这是领导者错误地认为会议本来就很糟糕的
结果。他们觉得自己很讲究效率，把所有的讨论都压缩到一
次大型的会议上，从而减少了会议时间。实际上，他们这样
做的真正后果是使会议变得无效，他们应该开展的最重要的
对话——专题、战略对话被缩短了。

　　领导团队需要做的是（谈到会议，这也许是给他们的最
重要的一条建议）：将战术对话与战略对话分开。将两者混
在一起是行不通的，会导致两种问题都无法得到适当的
解决。

　　关于召开战略会议的时机，没有固定的答案。毕竟关键
问题的出现不是可以按日程表进行的。不过，如果一个领导
团队一个多月都不召开一次战略会议的话，就有问题了。当
一个团队刚开始采用针对特定战略主题召开单独会议这一新
模式时，总是会有一大堆积压的问题需要解决，所以一开

始这样的会议会比较频繁。这是没有问题的，因为这些问题是值得关注的，而且没有人会抱怨花太多的时间讨论关键问题。

4. 季度外出总结会

领导团队需要召开的第四种会议通常称为"季度外出总结会"。人们往往把该类型会议作为没有成效的战略会议的昂贵版和加长版。会议的目的与其他会议一样，应该是单一和专注的。召开这种会议的目的在于从组织的业务中跳出来，以一个全新的视角看问题，所以这种会议最好不要在办公室里举行。

在会议上开展的活动包括回顾组织的战略锚和主题目标，评估关键员工的表现，讨论行业变化和竞争威胁，当然还要回顾团队成员与凝聚力相关的行为。实际上，领导团队需要回顾本书谈到的四个原则：团队、组织清晰度、沟通和人力系统。

召开该类型会议的时间与其他会议不一样的是：没有商量的余地。与每周一次或两周一次的战术会议，以及出现问题才召开的专题会议不一样的是，季度外出总结会应该是每个季度一次。大概就是一年四次的样子。太过频繁的话，团队没有足够的时间在关键问题上取得进展，并找出市场或组织里出现的有意义的趋势。频率太低往往意味着人们会忘记他们在之前的会议上说过什么，这样就很难保持连贯性，也很难取得进步。

最后，在四种会议中，总结会也许是需要聘请外部顾问的一种会议。领导团队的领导者最好作为一个成员参加会议，把组织和开展会议的任务交给可靠的顾问。

会议时间太多?

每当领导团队成员对我所说的定期召开四种会议的可行性提出质疑时，我会让他们计算一下他们在一个月里需要在这些会议上花费的时间。

如果以最耗时的方式计算（每天10分钟的每日报到会议，每周2小时的战术会议，每月6小时的专题会议，每个季度2天的外出总结会），总共的时间是每月1 560分钟，或者说26小时。

假设每周的工作时间是50小时，这只占我们工作时间的13%。如果你每周只工作45小时，这个比例就是14%。这意味着即便我们在每次会议上花费了最多的时间（很少有团队需要这样做），我们还可以用85%以上的时间去做其他的事情。

有些领导者会说他们所在的团队不止一个，从而导致这种模式变得不可行。即便一个人需要参加三个团队的会议，即便这三个团队在会议中花费的时间都是最多的（这种情况几乎不可能），总共需要的时间也只占他们工作时间的一半。考虑到由于他们在会议上关注合适的问题，从而避免了时间的浪费并消除了由于缺乏沟通所导致的业务中断，通过多开会，而不是少开会，他们获得了更大的价值。

最后，我们不禁要问，除了参加会议，领导者还需要做哪些事情？电子邮件？分析？客户拜访？领导者的首要任务是创造一个好的环境，其他人就可以在这个环境中做这些事情；如果领导者不召开有效的会议，就无法创造这样的环境。

那么管理呢？领导者不需要拿出很多时间管理下属吗？尽管对领导者来讲最重要的活动（除了做一个好的团队成员）就是管理其直接下属，大部分管理实际上是在会议中发生的。当然，他们需要提供一对一的指导，不过当领导者反对花太多的时间开会时，一对一的指导往往不是他们想做的事情。实际情况是，如果领导者召开了合适的会议，如果他们解决了问题并对彼此负责的话，会议之外的事情就会少很多，其中包括管理直接下属。

所有这一切背后的理论是值得强调的：一个领导者每天所花的很多时间都是由于他们需要处理本来应该在会议上解决的问题。所以假设这些会议都是成功的，领导者很难找到减少会议时间的可靠理由。

召开更多的会议

一家与教会相关的服务组织出现了内部问题，并且这些问题可能影响他们的客户。该组织的领导者认为在为改善组织健康所做的努力中，重新设计领导团队的会议是整体组织转型的关键。

"我58岁了，我从来没有想到召开更多的会议能够提高效率，可事实就是如此。会议改变了我们所有的人。"

在我的咨询公司给客户的所有建议中，最受客户欢迎和推崇并能够对组织产生直接影响的就是这里给出的会议模型。

最后需要记住的是，在每次会议的末尾（每日报到会议除外），团队成员必须明确他们最终达成的一致意见，以及回去后向他们的团队传达的信息。这称为"逐级传达"，已在原则3中对此进行了详细的阐述。

会议检查清单

当领导团队成员能够认可以下陈述时，他们就能够确信自己已经掌握了会议模型：

◎ 战术和战略讨论在不同的会议中开展。

◎ 在战术会议上，团队先回顾目标的进展情况再确定会议议程。不重要的行政话题就很容易被排除在外。

◎ 在月度战略会议上，拿出足够的时间讨论重大问题，从而明确问题，进行讨论并达成决议。

◎ 团队每个季度召开一次外出总结会，回顾行业、组织和团队中的情况。

抓住优势

组织健康的力量是不可否认的。即便我所见过的对此持怀疑态度的领导者也不会否认，如果他们能够使领导团队更有凝聚力，将团队团结在六个关键问题的答案的周围，并不断地传达和强化这些答案的话，他们的组织将获得优势。事实上，很多的健康组织已经证明了这一点。不过，在大多数组织中组织健康仍然是未开发的资源。这种情况即将发生改变。

随着越来越多的领导者意识到竞争优势的最终前沿将是从不健康组织到健康组织的转变，管理者的心态将会从可以授权他人负责的、对技术的追求转向本书中提到的原则。我不知道这种转变会在未来5年、10年还是20年发生。不过转变已经到来。

对于组织健康的早期采纳者而言，他们将收获更大的优势，与滞后的竞争对手的差距会进一步拉大。不过，为了避免遭遇失败的开始和过度的怀疑，他们必须考虑一些因素。例如，他们在开始采用这一程序时需要开展一些能够带来明显效果的活动。更重要的是，领导这一程序的个人必须清楚等待他们的将是什么。

领导者的牺牲

到现在为止，我已经多次指出本书中提倡的很多理念都是非常简单的。下面这则陈述也是非常显而易见的建议：组织的领导团队的负责人关系到建立健康组织的成败。

尽管这听起来非常简单，但我发现很多领导者并没有充分认识到这一点。他们往往把与组织健康相关的任务当成其他人能够处理的任务。有些领导者这样做是因为他们觉得这展示了自己对下属的信任。这是一个"高尚"的理由。有些领导者这样做是因为他们想把时间花在自己更喜欢的事情上，这个理由就不是那么"高尚"了。无论哪种情况，结果都是一样的：一个不健康的组织。

无法回避的事实是，决定一个组织能否变得更健康的最重要的因素是负责人的真正投入和积极参与。对于一个大组织来讲是首席执行官，对于一个小组织来讲是所有者，对于

一个学校来讲是校长，对于一个教堂来讲是牧师，对于组织
的一个部门来讲是部门主管。

在这一程序的每个步骤中，领导者必须走在最前面，不是
作为啦啦队队长或名义领袖，而是作为积极、顽强的驱动者。

　　无法回避的事实是，决定一个组织能否变得更健
康的最重要的因素是负责人的真正投入和积极参与。

谈到建立一个富有凝聚力的团队，领导者必须推动这一
程序，即便他们的直接下属起初并不感兴趣。他们必须第一
个去做最难的事情，如坦承自己的错误和缺点，引发冲突，
纠正大家的行为，或者当他们的直接下属把自己的利益置于
团队之上时，指出他们的错误。

领导者还必须要求大家对六大问题做出明确的回答，即
便其他所有人都急于结束讨论，同意各自保留不同意见。他
们必须持续不断地提醒领导团队坚守这些答案，并鞭策他们
的一切行动，从与组织价值观相关的行为到他们对团队战斗
口号的承诺。

领导者不能把沟通和强化组织清晰度的责任弃之一边或

委托给他人，尽管这是很常见的错误。相反，他们必须不知疲倦地扮演积极的角色，确保组织的所有员工能够被不断地提醒什么是重要的。他们还必须防备可能让员工感到困惑的矛盾和不一致的程序，并防备由于人们的自满而潜入组织的官僚主义。

如果这一切听起来非常艰巨，那是因为本来就是这样的。领导健康组织的人承担着重大的任务——非常无私的任务，所以他们需要把偏重技能的责任交给别人，即便他们喜欢的角色。因为当一个组织健康时（当高层领导者履行最重要的职责时），人们就能把事情做好。当一个组织不健康时，再多的英雄行为或技术专长也无法弥补根深蒂固的混乱和办公室政治争斗。

事实是，做一个健康组织的领导者是很难的，不过最终这无疑是值得的。

关键的起步

为了确保这些努力能够给组织带来最大的成功机会，领导团队必须通过一些重要的初始步骤获得前进的动力。

第一个步骤就是拿出时间来启动这一程序。首先拿出几天时间召开外出会议（高效、紧张和并非煽情的几天），致力于建立团队凝聚力和组织清晰度的前两个原则。当会议结束时，团队的信任感和协作将加强（请相信这点），并得到六个关键问题的答案，虽然不一定特别完善。

最初的外出会议之后，团队需要整理出一个脚本，内容包括对这些答案的简单总结，以及与团队的行为方式和行动计划相关的其他一些项目。一旦脚本上的信息最终确定，团队将得到一致的答案，下一个步骤就是把它传达给组织中的其他人。这就要求一些最初的沟通，然后是领导者利用所有可用的沟通方式不断地提醒。最后，领导团队需要花时间，可能需要相当长的时间，设计系统强化脚本上的信息，把它融入涉及人的每个程序中去。

每个团队、每个组织，采用组织健康程序的方式是不同的，这是好事。严格的通用方法最终往往不适合任何团队，并很有可能导致团队放弃程序，因为它会变得很麻烦。不过这些最初的步骤（需要1~6个月的时间，这取决于领导者愿意为此花费的时间和精力）是绝对必要的。一旦领导者完成了这些步骤，他们就有了前进的动力，他们不会沾沾自喜，而是把这一程序继续向前推进。

当然，他们的工作没有结束，也永远不会结束。和婚姻一样，它要求持续的关注和努力：维持一个富有凝聚力的团队，回顾6个问题的答案，不断传达和强化它们。不过，健康组织的领导者很少后悔为此投入的时间和精力。实际上，他们总是享受这一过程，因为他们看到了所带来的巨大好处，尽管它表面看来非常简单，一点都不复杂。

最终影响

最后，不得不承认组织健康的影响远远超出了组织的范围，还会波及客户和供应商，甚至配偶和子女。它让人们早上带着清晰性、希望和期待去上班，晚上回家时有更大的成就感和自尊。它的影响是无法估量的。

最终，在我们的职业生涯结束时，当我们回顾自己投身的众多行动时，也许没有什么活动比增强组织健康更值得我们为之奋斗，更能影响他人生活的了。

组织健康现状检查清单

　　领导团队成员可以通过完成以下清单对组织的健康情况有一个整体的把握，更重要的是，找出具体的改善机会。

原则1：建立一个富有凝聚力的领导团队

◎ 为了保持高效，领导团队要足够小（3~12人）。

◎ 团队成员相互信任，并且能够真正地在彼此面前坦承自己的错误和缺点。

◎ 团队成员经常参与关于重要问题的积极的、未经过滤的冲突。

◎ 在团队会议结束时，大家达成明确、积极和具体的共识。

◎ 团队成员督促彼此对承诺和行为负责。

◎ 领导团队成员树立团队第一的理念。他们把更大组织的集体利益和需求放在自己部门的前面。

原则2：打造组织清晰度

◎ 领导团队成员清楚团队的存在原因，能够在该问题上达成共识，并对它充满热情。

◎ 领导团队已经明确和接受了一套具体的行为价值观。

◎ 领导者已经明确达成了一项能够帮助他们定义成功，并从竞争对手中脱颖而出的战略。

◎ 领导团队有明确和现实的目标，他们将团结在这个目标的周围。他们对这一目标有一种集体责任感。

◎ 领导团队成员知道彼此的角色和职责。他们善于对彼此的工作提出问题。

◎ 领导团队对组织清晰度的各元素进行了简要的总结，并会定期引用和回顾它。

原则3：反复充分沟通组织清晰度

◎ 领导团队已经清楚地向所有员工传达了组织清晰度六个问题的答案。

◎ 领导团队成员定期提醒其部门的人员关于组织清晰度的六个方面。

◎ 在会议结束时领导团队就向员工传达什么信息达成了明确、具体的决定，并在会议结束后及时地逐级传达信息。

◎ 员工能够准确地表述组织的存在原因、价值观、战略锚和目标。

原则4：强化组织清晰度

◎ 组织能够通过一种简单的方式确保新雇用的员工是根据组织的价值观仔细选拔的。

◎ 新员工在入职培训中学习的是组织清晰度的六个问题。

◎ 组织的所有管理者都用简单、一致和非官僚化的系统设定目标，并对员工的绩效进行评估。这一系统是围绕组织清晰度的元素专门定制的。

◎ 不符合组织价值观的员工会被解雇，符合价值观但表现欠佳者会得到实现成功所需要的指导和帮助。

◎ 薪酬和奖励系统是围绕组织的价值观和目标建立的。

会议

◎ 战术和战略讨论在不同的会议中开展。

◎ 在战术会议上，团队先回顾目标的进展情况再确定会议议程。不重要的行政话题就很容易被排除在外。

◎ 在月度战略会议上，拿出足够的时间讨论重大问题，从而明确问题，进行讨论并达成决议。

◎ 团队每个季度召开一次外出总结会，回顾行业、组织和团队中的情况。

作者其他中译版图书介绍

《优势》（*The Advantage*）

组织最重要的竞争优势是什么？优秀的策略、快速的创新还是聪明的员工？畅销书《团队协作的五大障碍》作者帕特里克在本书中会告诉你答案：组织健康。他将20年的写作、现场研究和为世界知名组织的高管提供咨询的经验进行了总结，将真实的故事、轶事与可行的建议结合起来，创作了本书。作者以通俗易懂的语言证明了在一个组织中实现巨大进步的最佳途径莫过于消除功能障碍、政治和混乱的根源。

《CEO的五大诱惑》（*The Five Temptations of a CEO*）

故事的主人公安德鲁升任CEO一年以来，业绩平平，相比之下，他的精神状态更加困扰他。他在地铁上碰到的古怪老人查理，主动过来跟他聊天，帮他找到精神困扰的原因，就是

CEO的五大诱惑。3年以后，安德鲁的公司取得了惊人的变化。

本书的前半部分是一部精彩的商业小说，神秘、流畅、悬念迭出；后半部分是专业的模式诊断，深刻、犀利、论述周详。这种深具兰西奥尼特色的写作方式已经在商业管理图书中大获成功。几乎每位领导者都可以从小说中找到自己的影子，同时在专业的模式分析中找到失误的深层原因和应对策略。

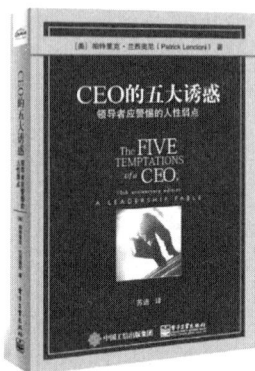

《CEO的四大迷思》（*The Four Obsessions of an Extraordinary Executive*）

在许多方面都很相像的两个CEO——都是当地一流的技术咨询公司的CEO，同期就读于同一所学校的同一学院，都是讨人喜欢的体面男人——他们所带领的公司的情况却几乎天壤之别：一个被商业报纸视为至爱，行业分析师总是奉承巴结，客户对它赞不绝口、不离不弃，优秀人才趋之若鹜，而另一个的情况却截然相

反，以至于外部顾问都认为这两家公司相同点之少，使人极难进行比较。造成这一切的原因在于，前者的CEO掌握了打造健康组织的秘诀：健全组织的四项行动准则！

本书的前半部分是一部精彩的商业小说，充满魅力，极富启发性；后半部分是关于团队建设的专业剖析。书中关于四大行动准则的精准分析，为创立健康的组织提供了一幅清晰的路线图。遵循这个简单的方法，你的企业会变得士气高昂、创造力超强，还能降低不必要的人员流动率和招聘费用，成为一个极具吸引力的高效组织。

《理想的团队成员》（*The Ideal Team Player*）

从事高科技行业的杰夫决定摆脱充满压力和交通堵塞的生活环境，离开硅谷去纳帕谷接手叔父的建筑公司。上任后，他急于恢复公司团队文化，致力于打造更有效的高水平团队。在这个过程中，他认识到一个理想的团队成员应该具有3个不可或缺的品德，通过这些品德来形成公司的文化，才能拯救这个公司。为此，他必须面对失去一些有能力而不太懂得如何进行团队协作的员工，并说服他偏激的运营部副总裁，而不是在短期业务的压力下降低公司的招聘标准。

在故事之外，作者提出了一种实用的框架和可操作的工具，用以识别和发展理想的团队成员。无论你是一个领导者，试图创建团队协作精神，还是一个想要提升自己的团队成员，你都将从本书中获益良多。

《示人以真》（*Getting Naked*）

一家全球知名的咨询公司的高级咨询顾问，最讨厌一家规模远小于自己公司的小咨询公司的竞争对手了，因为他们常常被打败。可是令他无奈的是，在他有机会晋升的关键时刻，他被要求去接管这家公司，因为他们收购了它。在充满敌意的接触中，他惊奇地发现，对手成功的原因其实非常简单……

本书通过引人入胜的故事揭示了发人深省的商业价值观，根据作者创建的圆桌咨询公司十几年来的深刻经验，用幽默的、深入浅出的语言总结出服务业制胜的精髓所在，分享了咨询业的秘密和客户服务之道。

书中提出"示人以真"的理念、"裸式服务"的概念，并总结了一个三大恐惧模型，对组织领导者、顾问、销售人员及其他需要长期跟客户打交道的人来说，这个模型都揭示了一个服务者为何无法赢得客户的信任和忠诚的根本原因。

最后，作者在书中总结了克服这些恐惧的具体方法，以使读者取得成功。

《动机》（*The Motive*）

一位即将下岗的CEO向最后的希望——咨询公司求救，却意外接到了竞争对手企业CEO的电话……作者通过两位具有截然不同领导动机的CEO的故事，帮助领导者认识领导动机对个人及企业深刻的影响。书中包含简单的自我评估，帮助领导者认识真我，并针对自我评估结果给出了帮助领导者重新审视自己成为领导者的动机、成就卓越的实用工具与建议。

以上图书的中文版将由电子工业出版社出版，各大新华书店及当当、亚马逊、京东等网上书店均有售。

培训与咨询

克服团队协作的五种障碍导师认证课（第3版）
电子工业出版社世纪畅优公司获得美国Table Group
独家授权举办

为企业打造具有高凝聚力的卓越团队，为组织的健康情况进行诊断，通过强化组织清晰度提高竞争力，这一切都需要在世界一流导师的培训下，通过学习与演练，获得权威的认证许可，提升培训与咨询能力，为组织创造更大的价值。

克服团队协作的五种障碍工作坊（第3版）
Overcoming the Five Dysfunctions of a Team

工作坊目标：致力于帮助企业建立高绩效的领导团队，极大地提高团队凝聚力与执行力，为提升组织健康度打下基础。

工作坊分为两种形式。

忽视结果

逃避责任

缺乏承诺

惧怕冲突

缺少信任

一、克服团队协作的五种障碍工作坊：真实领导团队工作坊

本工作坊针对企业领导者及其直接下属的真实团队设计，具有高互动性、快节奏的特点。领导团队在深入学习兰西奥尼畅销书《优势》《团队协作的五大障碍》中的模型及概念的同时，可先通过团队评测评估团队现状，再通过深入的互动研讨，帮助团队成员就团队协作原则达成共识，最后通过体验与案例学习，帮助成员掌握可以直接落地的工具与策略，朝着成为一个高凝聚力团队的目标迈出一大步。

为期两天的工作坊都是根据领导团队的真实情况及学习目标而定制的，能够帮助成员：

◎ 全面了解在建立和维持一个有凝聚力的团队中的期望和挑战。

◎ 评估并立即在克服团队潜在功能障碍方面取得进展。

◎ 讨论团队会议的有效性及其对团队整体成功的贡献。学习高效开会的工具与方法。

◎ 审查和验证组织的方向。通过对建立组织清晰度的六个关键问题的互动讨论，确保团队成员之间的协调一致。

◎ 讨论有效的内部沟通的关键点及重要性，确保任何必要的变化都可以在整个组织中保持一致性。

◎ 确立一个行动路线图，以确保领导团队具有更高的凝聚力

◎ 创建一个团队脚本，以帮助领导团队引领组织成功转型为一个健康的组织。

二、团队领导者工作坊

面向组织中来自不同团队的领导者开展。工作坊帮助领导者理解团队协作五种障碍模型，了解提升团队凝聚力的路径与方法，制订提升团队凝聚力行动计划。

以上两个互动性很强的工作坊给学员提供了既实用又可以立刻见效的工具和策略，并帮助学员在今后的工作中持续正确应用。

组织健康是组织唯一的竞争优势
Organization Health Is a Unique Competitive Advantage

打造组织健康的真实领导团队工作坊，是组织迈向健康的最理想起点。贯彻型咨询项目是提升组织健康度的有效保障。

一、真实领导团队工作坊

领导团队工作坊针对团队领导及他的直接下属设计，具有高互动性、快速推进的特点。开展工作坊能够使以组织领导为首的领导团队有机会对其组织的健康度进行评估，建立领导团队黏性，并识别能够最大化组织优势的特定行动。

在工作坊期间，领导团队将深入学习兰西奥尼畅销书《优势》《团队协作的五大障碍》中的基本概念，并学习如何将这些理论概念付诸实践。两天的工作坊中，包括简短的讲解、实践活动的演练，以及为了落实组织健康四原则，针对参加工作坊的特定领导团队及组织自身开展的定制化的研讨。

工作坊中的团队活动与研讨，都针对参加工作坊的领导团队所在组织的真实商业活动而展开，工作坊参与者不会感觉他们仅仅是学习一种理论，或者感觉学习与工作不相干。

二、提升组织健康度贯彻型咨询项目

在健康的组织中，领导团队相互协作，不存在办公室政治与混乱，整个组织都为了组织共同的目标而工作。

◎ 开展《克服团队协作的五种障碍：真实领导团队工作坊》是实现组织健康的起点

《克服团队协作的五种障碍：真实领导团队工作坊》是组织迈向健康的最理想起点。它为领导团队提供了一个机会以评估组织的整体健康状况，有效地提升团队的凝聚力和一致性，并确保推动向健康组织转型的行动可以有效开展。

◎ 开展贯彻型咨询项目是实现组织健康的有效保障

基于兰西奥尼畅销书《优势》中的模型，咨询顾问提供讲座、工作会议、团队练习和讨论等组合形式来落实组织健康的四个阶段，帮助组织定制化地设计出符合基于自身现状而打造组织健康的行动路径，并保证所给出的行动路径可以在组织内长期确立并采用。

阶段一：建立富有凝聚力的领导团队

阶段二：打造组织清晰度

阶段三：反复充分沟通组织清晰度

阶段四：强化组织清晰度

如需了解版权课程导师认证、版权课程资料销售、市场推广及相关课程交付服务，可通过cv@phei.com.cn联系电子工业出版社世纪畅优公司。

反侵权盗版声明

电子工业出版社依法对本作品享有专有出版权。任何未经权利人书面许可，复制、销售或通过信息网络传播本作品的行为；歪曲、篡改、剽窃本作品的行为，均违反《中华人民共和国著作权法》，其行为人应承担相应的民事责任和行政责任，构成犯罪的，将被依法追究刑事责任。

为了维护市场秩序，保护权利人的合法权益，我社将依法查处和打击侵权盗版的单位和个人。欢迎社会各界人士积极举报侵权盗版行为，本社将奖励举报有功人员，并保证举报人的信息不被泄露。

举报电话：（010）88254396；（010）88258888

传　　真：（010）88254397

E-mail：　dbqq@phei.com.cn

通信地址：北京市万寿路 173 信箱

　　　　　电子工业出版社总编办公室

邮　　编：100036